鴻上尚史の おっとどっこい ほがらか人生相談

息苦しい「世間」を
楽に生きる処方箋

鴻上尚史

朝日新聞出版

おっとどっこい

鴻上尚史のほがらか人生相談

息苦しい「世間」を楽に生きる処方箋

目次

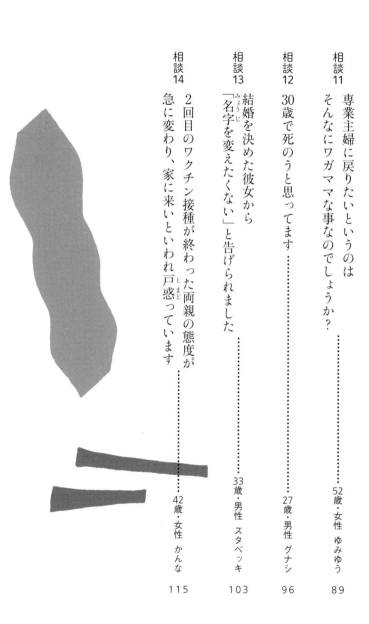

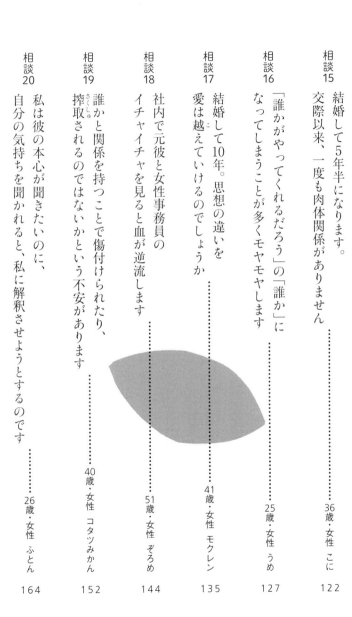

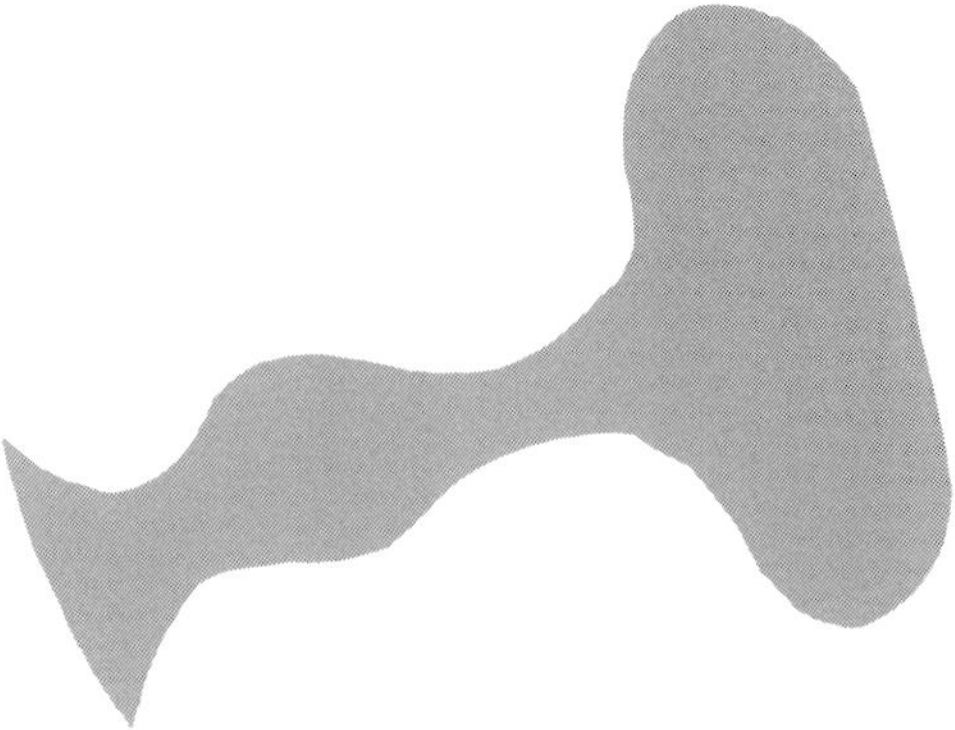

相談1

かつてお付き合いをした数人に連絡してみたいという誘惑に苦しんでいます

48歳・女性　さくら

鴻上さん。私は今年48歳の年女です。

結婚してから無《む》我《が》夢《む》中《ちゅう》で子育てし、高校生の一人息子は親離れしていきました。年上の夫は優しく、今も大好きです。15年ぶりにパートで働き始めたりしました。

でも、何か物足りないのです。ふと、インターネットで19歳のときの初めての恋人、20歳のときの振られた相手など、お付き合いをした数人を検索したら、みごと全員の職場、役職、最近の写真まで見つかりました。みな当時の面影《おもかげ》を残しており、生々しく、当時の記憶がよみがえってしまいました。

それからというもの、油断すると彼らのことばかり考えてしまいます。かつての甘い日々をおもい、そして、連絡してみたいという誘惑に苦しんでいます。

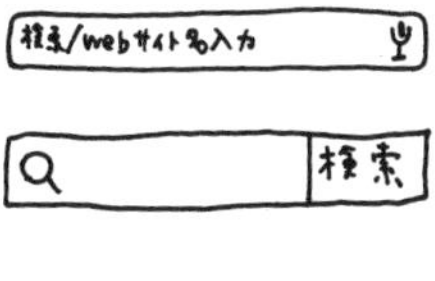

もう少しすれば、このかつての恋人を思う気持ちは収まるのでしょうか。私は恋に恋しているのでしょうか。私は欲求不満なのでしょうか？
鴻上さん、どう思いますか？

……………

さくらさん。

「私は恋に恋しているのでしょうか。私は欲求不満なのでしょうか？」と書かれていますが、さくらさんは、いわゆるアバンチュールを求めていると感じますか？

「アバンチュール」。広辞苑《こうじえん》によれば、「冒険味をおびた恋愛。恋の火遊び」となってますね。僕の大好きなフランス語ベスト5のひとつです。

でも、最近は、こんな言葉を使ってへらへらしていると、すぐに文春砲に木《こ》っ端《ぱ》みじんに砕《くだ》かれますから、だんだんと馴染《なじ》みの薄い言葉になりつつあるようです。じつに残念です。

アバンチュールを求めるのも、人間の真実であり、素敵《すてき》な部分だと僕は思っているんですけどね。

でね、さくらさんが、ただアバンチュールを求めているのか、それとも、昔の恋人や好きだった人にとにかく会いたいのかは、微妙《びみょう》に違うことなんじゃないかと僕は思っているのです。

さくらさん、どうですか？　この二つの違いがピンと来ないのでしたら、ちょっと、僕の話を聞いて下さい。

じつは僕も恥《は》ずかしながら、50歳になった時に、中学時代、何度もアプローチして、何度も徹底的に振られた女性に会いたくてたまらなくなりました。

ネットで調べても、彼女を見つけ出すことができなかったので、故郷の友達に「連絡先を調べて欲しい」と頼みました。しばらくして、僕の卒業した学年全体に、「鴻上尚史が○○さんの連絡先を知りたがっている」という情報が行き渡り、何人もからその女性の連絡先が届きました。

僕は、みんなに知られたと思うと、ものすごく恥ずかしくいたたまれない気持ちになりましたが、やっぱり会いたかったので、メールを送りました。

彼女は「私はただの田舎《いなか》のおばちゃんで、会ってもしょうがないと思う」と返してきました。

それでも会いたいんだ、会ってお茶だけでもしましょうと再度連絡し、やっと会ってくれることになりました。

故郷の待ち合わせの喫茶店に彼女はやってきました。

彼女の方にも「鴻上尚史があなたと連絡を取りたがっている」と何人もが知らせていました。

が、彼女は、自分から僕に連絡するつもりはなく、そのままにしていたと言いました。

僕に対する無関心が、「ああ、彼女らしいなあ」と思いました。

中学時代、彼女は作家志望で、彼女の書いた短編小説をいくつか読ませてもらいました。それに刺激を受けて、僕も小説のようなものを書いて、彼女に読んでもらいました。「交換日記」ではなく「交換小説」でした。

それまで、ぼんやりと作家になれたらいいなあと思っていましたが、彼女と「交換小説」をすることで、はっきりと作家になりたいと思いました。

そこから僕は彼女を大好きになり、何度もラブレターを送り、何度も振られました。

「何度も振られる」というのは、振られた後、半年か1年ぐらいたつと「そろそろ、付き合ってもいいと思いませんか？」なんて、挫《くじ》けずにまたラブレターを書いたのです。

中学卒業の時に、長めのラブレターを送り、別々の高校に行くけれど、それでも、付き合ってほしいと書いた時、彼女は初めて長めの返事をくれました。それまでの返事は、「付き合うつもりはありません」という一行だけでしたが、そのラブレターはA4用紙3枚にびっしりと、「どうして鴻上君と付き合うつもりがないか」「どうして鴻上君はダメか」「どうして鴻上君は自分がダメだということに気付いていないか」ということを徹底的に分析した内容でした。

これが本当に最後の手紙なので全部書きました、という文章で手紙は締《し》めくくられていました。

僕は悲しみを通り越して、その見事な分析に感動さえしました。

今でも僕はその手紙を大切に取っています。20代の頃は、自分が慢心《まんしん》したり、つけあがりそうになると、取り出して何度も読みました。そのたびに、僕を冷静に引き戻してくれました。

最後の手紙のことを喫茶店で話すと、彼女は「忘れた」と簡単に答えました。この言い方も彼女らしいなあと思いました。

彼女は結婚して、子供が二人いて、地元で働いていました。早い時期に作家になるつもりはなくなり、今は何も書いていないと言いました。彼女の短編は、中学生が書いたとは思えないレベルだったので、このことを聞いた時は、少し残念に思いました。

僕は僕の近況を語りました。彼女は関心があるのかないのか分からない態度で、淡々《たんたん》と聞いてくれました。

1時間半ほど話して、喫茶店を出ました。

自分の車で運転して帰る彼女を見送りながら、僕は不思議な満足感を感じていました。

この満ち足りた感覚はなんだろうと、僕は考えました。

もちろん、会う前は、中学時代を思い出して、甘酸《あまず》っぱい気持ちでメールしました。ですが、いざ会ってみると、甘酸っぱさ以上に、いろんな感覚を味わったのです。

ひとつは、「自分の若い頃と出会う」という感覚です。自分が忘れていた感情や今となっては誰にも話せない気持ちを、若いころ一緒《いっしょ》だった人となら話せます。それによって、自分の若い頃の感覚がよみがえり、もう一度、味わうことができました。

楽しかったり、切《せつ》なかったり、悔《くや》しかったり、甘酸っぱかったり、今より何倍も激しく心が動いた感覚を、もう一度、その何分の一かもしれないけれど味わうのは、素敵な経験だと思います。運動することで身体が爽快《そうかい》感を感じ、リフレッシュするように、心もまたいろんな気持ちになって動くことで、爽快にリフレッシュするのでしょう。

それから、「ここまでお互いよく生きてきましたね」と確認し合っているんだという気持ちも生まれました。いろんなことがあったはずなのに、それでも死なず、人生を放棄《ほうき》せず、今日までお互い、生きてきましたね。それだけで、喜び合いましょう。そんな感覚です。

そもそも、50歳前後になると、だんだん同窓会が増えてきます。僕は「死期が近くなったから、みんな会いたがってるんだな」と、半《なか》ば冗談、半ば本気で思います。「もうすぐ死ぬんだから、死ぬ前に会っときたい」という意味なら、60代以降の動機でしょう。

でも、50歳前後では、「死（つまり寿命）を意識するからこそ、今までの自分の人生を確認したい、ここまで生きてきたことを喜び合いたい」という動機なんじゃないかと思います。

さくらさんは48歳なんですね。ですから、この感覚は理解してもらえるかなと僕は勝手に思っています。

ある年齢を重ねて、昔の恋人や好きだった人に会いたくなるのは、僕は、自然な感情なんじゃないかと思っているのです。

ちなみに、彼女とはその一回の再会だけでした。その一回で、僕は満足しました。彼女の方は、満足とか関係なく、二度と会うつもりはないようでした（笑）。

どうですか、さくらさん。

さくらさんが、「19歳のときの初めての恋人、20歳のときの振られた相手など」に会いたい動機は、単純なアバンチュールですか？　それとも、僕が書いたように、「人生の確認や振り返り」でしょうか？

もし、あの時代に恋した人に強烈に会いたいのなら、僕は会った方がいいと思います。それはきっと、さくらさんの人生を豊かにします。

もっとも、たとえ会いたい動機がアバンチュール、つまり「恋に恋して」いたり「欲求不満」でも、やっぱり、会わないより会った方がいいんじゃないかと僕は思っています。

「そんなこと言って、焼《や》け棒杭《ぼっくい》に火がついたらどうするの？」とか「不倫関係になって家庭が崩壊したら責任取れるのか？」と突っ込む人はいると思いますが、マイナスの可能性に怯《おび》えて、人生を味わう豊かな可能性を手放す方がもったいないと僕は思います。

人生の生き方に、「絶対的な正解」とか「絶対的な間違い」なんてものはないはずです。

さくらさんが、人生に絶望していて、夫を嫌《きら》っていて、「すがりつく何か」を求めているのなら、連絡することに危険性を感じますが、さくらさんはそうではないでしょう。

会おうと決めても、どうなるかは相手次第です。さくらさんがどんなに甘酸っぱい気持ちで会っても、相手は僕の中学時代に好

きだった女性みたいに、淡々としているかもしれません。

実際に会ってみれば、甘酸っぱい気持ちより、お互いがここまで生きてこられたことの喜びの方が大きくなるかもしれません。

ひょっとしたら、人生を共に振り返っているうちに、予想もしなかった恋心が生まれるかもしれません。

そういう時は、「アバンチュールを楽しめるのが大人のたしなみ」と呟《つぶや》くといいと思います。熱中しながら溺《おぼ》れず、浸《ひた》りながら我《われ》を見失わない範囲で楽しむのです。

もし、「そんな器用なことは自分には絶対にできない」と思う場合は、「恋の予感がしたら逃げる」が鉄則です。

「恋愛を前にした時のただひとつの勇気は、逃げることである」と言ったのは、かのナポレオン・ボナパルトです。

もうひとつ、大人の余計なアドバイスをすれば、恋に不器用な人は、アバンチュールは複数がお勧《すす》めです。

相手がたった一人だと、思わずはまってしまって、生活を危険にさらしてしまう人も、相手が二人いれば、熱中しても溺れない冷静さを獲得しやすくなります。

「19歳のときの初めての恋人」と「20歳のときの振られた相手」に同時に連絡を取るということです。

と、余計なアドバイスをいろいろとしてますが、僕の意見はここまでです。どんな人生を選ぶかは、もちろん、さくらさんが決めることでしょう。

アバンチュールの予感に怯えて連絡をやめるもよし、思い切って連絡するもよし。どんな人生を選んでも、喜びと後悔、納得《なっとく》と迷いは残ると僕は思っています。

ですが、少なくとも、自分がちゃんと考えて、自分で決めれば、どんな結果でも、引き受ける気持ちになれるだろうと僕は思っているのです。

そんなわけで、さくらさんの人生に幸《さち》あれ。

相談2

癌《がん》と診断されました。楽しく過ごしているのに、「強い気持ちを持って」などという友人の言葉がうるさいです

44歳・女性　大食いパンダ

昨年、予後不良の癌と診断され、年明けから抗がん剤をして髪が全部抜け、仕事をしながら手術や放射線と治療が続いている状況の、2人の子持ちの母です。ですが、とにかく体力があり楽しい事が大好きな性格なので、カツラをかぶって子供を連れてお出《で》掛《か》けしまくっています。予後不良でも今は元気いっぱいなので、癌と判明する前と同じように楽しく過ごしています。「自分が死ぬわけがない」と思っているわけではなく、むしろ3年後には私はいない可能性が高いと思っているのですが、根《ね》っからの楽天家《らくてんか》で家族全員がこんな感じです。

悩みというのは友人関係です。私の性格をあまり理解していない友達は、私が絶望して日々不安を抱《かか》えて過ごしていると考えるようで、「絶対治るから希望を捨てない

で」「強い気持ちを持って」と、正直うるさいです。のんきに過ごしていると伝えても、強がっていると判断されます。悲壮《ひそう》感漂《ただよ》わせてほしいのかな?とさえ思えてきます。その友達はきっと「自分が癌なら、こういうふうに言われたい」と考えて励《はげ》ましてくれているのでしょうし、実際私の考えは特殊なのかも知れません。

でもいつまでも元気でいられる保証もないので、もっと私自身を見て理解してほしいです。どのようにすれば私の気持ちが伝わるのでしょうか……?

大食いパンダさん。僕は大食いパンダさんの相談を読んで感動しました。もし、僕が癌だと宣告されたら、大食いパンダさんのように生きていけるんだろうかと考えました。

大食いパンダさんは、「根っからの楽天家」と書かれていますが、つまりは、「嘆《なげ》いてもしょうがないことと、嘆く意味があることを区別しよう」と思っているんじゃないかと感じます。

僕は自分のことを「ぶさいく村出身」と言っていますが、嘆いてはいません。容姿《ようし》とか身長とかは、「嘆いてもしょうがないこと」だと僕は思っています。

例《たと》えば、身長が低い男性でも、そのことをいつも嘆いている人と一言《ひとこと》も口にしない人がいます。

会って酒を飲むたびに、「どうせ自分は背が低いから」と言い、「もてなかった」とか「もてるはずがない」と繰《く》り返す人と、背については自分からは何も言わず、自分の好きな映画や本、テレビの話をたくさんする人がいます。

どちらの人の方が、周りに人が集まり、一緒《いっしょ》に飲みたいと思うかは明らかだろうと思います。

でも、酒の席で「パートナーとの関係がうまくいかない」と思わず言ってしまうのは、「嘆く意味のあること」だと僕は思っています。

「じつはこんなことがあって」とか「こんなことを言われて」とか嘆くと、周りが「それはこういうことなんじゃないの？」とか「こういうふうにすればいいんじゃないの」といろいろと言ってくれます。

それは、未来を変える可能性のある言葉です。「どうにもならない過去」ではなく、「これからの未来」に向けた言葉だと思います。

大食いパンダさんが、「予後不良の癌」になっても、前向きの生活を続けられるのは、「嘆いてもしょうがない」ことは嘆かないと思っているからじゃないかと思います。

「どうして癌になってしまったのか」――これは嘆いてもしょうがないことだと思います。

このことを嘆かないのは、大食いパンダさんが「楽しい事が大好きな性格」だからでしょう。「嘆いてもしょうがないこと」を嘆くと、マイナスの気持ちにしかなりません。嘆いても嘆いても、何も変わりませんから、残るのはネガティブな気持ちだけです。

そんな気持ちになるぐらいなら、「嘆く意味があること」を嘆こう。「嘆く意味のあること」を嘆くことは、前向きの生活をするということです。

そんな大食いパンダさんに、思わず、「絶対治るから希望を捨てないで」「強い気持ちを持って」と声をかけてくれる友達は「嘆いてもしょうがないことを嘆いてしまう人」じゃないかと思います。

こういう人には、「嘆いてもしょうがない」という発想はないでしょう。「嘆くことは嘆くこと」という発想です。嘆くことを嘆くのは当然のことなんだ、ということです。

大食いパンダさんは、「その友達はきっと『自分が癌なら、こういうふうに言われたい』と考えて励ましてくれている」と書かれていますが、僕はそうは思いません。

ただ友人達は、「嘆くことは嘆くこと」と思って口にしているだけのような気がします。こういうタイプの人達は、根が優しくて良い人ですが、「心配してもしょうがないことを心配する人」でもあります。「心配することは心配して当然のこと」だからです。

さて、大食いパンダさん。

ということで、僕はこういう友達は、どんな言い方をしても「嘆くことを嘆くことが人間として当然のこと」「心配することを心配するのは当然のこと」という発想をしてしまうんじゃないかと思います。

大食いパンダさんがどんなに陽気に事情を説明しても「無理をしている」「心配かけないように嘘《うそ》をついている」と考えるんじゃないかと思うのです。

なのでね、一番いい方法は、この『ほがらか人生相談』の回答を読んでもらうことじゃないかと思います。

この回答を見せながら「ほら。世の中には私と同じ考え方をしている人がいる。私も、この人とまったく同じ考え方なの」と言えば、「わざわざ、この回答を見つけ出して、私に見せるということは、ひょっとしたら、本当にこの人と同じ気持ちなのかしら」と思ってもらえる可能性があるということです。

それでも、まったく信用しないで「いいえ。無理している。希望を捨てないで」と言われたら、こういう友人の言葉は「嘆いてもしょうがないこと」と割り切って、前向きに楽しいことを探していくことをお勧《すす》めします。

最後にもう一度言わせて下さい。大食いパンダさんの相談、本当に感動しました。

相談3

母1人子1人の母子家庭19年間の子育て。私は「カーリングママ」――子育ては間違いだった

47歳・女性　せいちゃん

鴻上尚史さんの人生相談、どの方にも納得《なっとく》の回答で何度も何度も読み返しています。

なかでも、「無名の大学に行った息子が恥《は》ずかしい」（本シリーズ4冊目『なにがなんでも』相談13）というご相談に対しての、鴻上尚史さんのアドバイスには、自分の事のように衝撃をうけ、打ちのめされ、今までの考えが一気に変わりました。文章を読んで、こんなに揺《ゆ》さぶられたのは初めてでした。

私のご相談したい事は、「子育ての過《あやま》ち」です。母1人子1人の母子家庭で、19年間必死に子どもを育ててまいりました。ただ、この必死さは間違った方向だったと最近になって気がつきました。

今まで、「誰から見ても素晴《すば》らしい人になるように」「運動も学力もトップクラスの

人になるように」息子に過度の期待をかけて、追い立て続けてきました。

ですが、最近になってようやく、それは自分の理想とする完璧な子ども像を息子に押し付けていただけの、間違った子育てだったと気がつきました。

もっと息子の持つ個性に目をやり、素晴らしいところをもっと伸ばせるように応援してやれば良かったと悔《く》やむ毎日です。

振り返ると私は、最近聞くようになった「カーリングママ」でした。息子が失敗しそうになると、先回りして失敗を回避させるような、そんな子育てをしてきました。失敗を経験する事なく、育ってきた息子は、トップの進学校に入るものの、そこで挫折《ざせつ》をし体調を崩してしまいました。不調からはなかなか抜け出す事が出来ず、今に至《いた》ります。

いくつも病院を回りましたが、どこも悪いところは見つからず、何が原因か悩みに悩んで、その原因は私の育て方だったとようやく気付きました。息子にも「お母さんのやり方は間違えていたと思う。ごめんね」と謝《あやま》りました。息子は何も答えませんでした。

元々好奇心旺盛《おうせい》で、可能性の塊《かたまり》だった我が子を私は潰《つぶ》してしまったのです。

今、息子は不調の波が続きながらも大学生になり、遠方で一人暮らしをしています。やはり自分に自信が持てず、塞《ふさ》ぎ込んだりする事を繰《く》り返しています。今年20歳になりますので、今からもう子育てをやり直す事も叶《かな》いません。私は反省の日々ですが、息子が自分自身に自信が持てなかったとしても、つまずきながらも立ち上がり、息子が健康で幸せな人生を送れるように、何か私に出来る事はないでしょうか？　アドバイスをお願い致します。

せいちゃんさん。自分が「カーリングママ」だと気付いたんですね。息子さんの不調の原因が「自分の育て方」だと結論したんですね。そして、それを息子さんに謝ったんですね。

素晴らしいことじゃないですか。

僕は前の相談の回答で「嘆いてもしょうがないことと、嘆く意味のあることを区別」することが大切と書きました。

「今からもう子育てをやり直す事も叶いません。私は反省の日々」というのは、「嘆いてもしょうがないこと」ですか？　それとも「嘆く意味のあること」ですか？

「悔やむ毎日」とも書かれていますが、これはどうですか。どっちだと思います？

僕はこれは、「嘆いてもしょうがないこと」だと思います。過去を嘆いても、何も変わらないでしょう。

もし、息子さんの前で深く反省して、嘆いて、悲しんでも、息子さんにプラスになることはないと思います。

それどころか、マイナスになる可能性の方が高いでしょう。目の前でさんざん反省するということは、「許して欲しいと要求している」「忘れろと命令している」と息子さんが考えてしまう可能性の方が高いと思います。

「謝りました。息子は何も答えませんでした」と書かれていますが、19年間かけて育てられたやり方が、息子さんにとって重い負担になっているとしたら、その場で何か言えるはずがないと思います。19年ですからね。せいちゃんにとっては、47年のうちの19年ですけど、息子さんにとっては全人生19年の経験ですからね。生きてきたすべての時間のことを、その場ですぐに言葉にはできないのは当然だと思います。

それでも、せいちゃんは、自分が「カーリングママ」だと気付いたのですから、素晴らしいと思います。

それで、相談はなんでしたっけ？

「息子が自分自身に自信が持てなかったとしても、つまずきながらも立ち上がり、息子が健康で幸せな人生を送れるように、何か私に出来る事はないでしょうか？」ということですか？

せいちゃんは、19年間、ずっと息子さんに「～をしなさい」「～をしてはいけません」と「追い立て続けて」「押し付けて」きたんですよね。それなのに、まだ「何か私に出来る事」を求めるんですか？

ということは、僕が「～をしたらいいと思います」と答えたら、それを息子さんに求めるということですか？

せいちゃん。それを「カーリングママ」というのではないですか？

息子さんは、「遠方で一人暮らし」と書かれていますが、どれぐらいの割合で連絡していますか？

まさか、週に何度も電話やメールで、「体調はどう？」「学校には行ってる？」「何か欲しいものはある？」なんて聞き続けているんじゃないでしょうね。

もしそうなら、それはまさに「カーリングママ」ですよ。

僕の人生相談の回答に衝撃を受けたと正直に書いてくれるせいちゃんですから、子離れまでもう少しだと思います。

かまいすぎて息子さんは不調になったのだとしたら、せいちゃんができることは放っておくことです。

「便《たよ》りのないのは良い知らせ」と踏《ふ》ん張《ば》って、本当に切羽詰《せっぱつ》まったSOSが来るまでは、余計な干渉《かんしょう》はしないことだと思います。

どうしても息子さんに連絡したくなったら、せいちゃんのニュースを伝えるのです。せいちゃんが息子さんではなく、別の生きがいや楽しみを見つけ、その報告を息子さんにするのです。

こんな本を読んだとか、こんな絵を描いたとか、こんなことをしたという「自分の生きがい」を息子さんに伝えるのです。それでも、返事は期待してはいけませんよ。

そういうメールを送ることで、ゆっくりと息子さんが「母は僕から自立しようとしている」と感じてもらえればラッキーです。でも、返事がないことに焦《じ》れて、返事を催促《さいそく》したりしたら、やっぱり「カーリングママ」になってしまいますよ。

せいちゃん。あと一歩です。息子さんが遠方に一人で行ったのは、お互いの人生にとって本当に幸運だったと思います。せいちゃんは、息子さんではなく、自分の人生を今からうんと楽しむのです。

そうすることが、息子さんが自分の人生をゆっくりと歩み始めることになると思いますよ。

追記

この人生相談に答えた後、実際にカーリングをやっている方から「『カーリングママ』という表現に納得できない」と抗議を受けました。カーリングは、ストーンを完璧にコントロールできないし、だから面白《おもしろ》いんだと。「カーリングママ」は、ストーンが進む先の氷面をスウィープ（こする）し続ける姿からの連想だと思いますが、申し訳ないことです。すみません。この表現は今後、使いません。

相談4

母が1年ほど前から、SNSを通じて陰謀論《いんぼうろん》の世界に入りこみ始めました

28歳・女性　じーこ

私の悩みは、母（50代前半）が陰謀論に傾倒《けいとう》していることです。

母は1年ほど前から、SNSを通じて陰謀論の世界に入りこみ始めました。人の思想はそれぞれなので、陰謀論を信じること自体を否定しているわけではありません。ただ「今まで教わってきたことはすべて嘘《うそ》だった」と言ったりして、世の中の現在や過去の出来事を陰謀論に結び付けている意見を疑いもせず信じているように見えます。そして、それはとても危険なことだと私は考えています。物事を批判的な目で見て、自分で考えるきっかけになっているのであれば良いのですが、そうではないので。このままだと将来、今より年齢を重ねたときに何かトラブルに巻き込まれてしまうのではと心配しています。

母は現在、私の父（50代前半）と2人で暮らしています。フルタイムで長年働いていましたが、数年前に仕事を辞《や》め現在は専業主婦です。子供3人（私、弟2人）は全員独立しています。私や弟たちに陰謀論者から得た情報をメールで伝え、気を付けるように促《うなが》してきます。母としては、親心《おやごころ》から子供たちに正しい（と考える）情報を伝えようとしているのだと思いますが、私と弟たちはそのような状況にある母を心配しています。

父は、仕事がシフト制のため母と生活リズムが合わないこともありますが、会話自体も少ないようです。父は母の行動に対して特段何か言っている様子はありません。

私は、母親が陰謀論に傾倒し始めたのは時間が有《あ》り余っていることと、なんらかの孤独を感じているからだと思います。スマートフォンでSNSを見ながら過ごしているようで、そこから陰謀論の情報を得ています。仕事を辞め、自由な時間がたくさんある中で、特に周囲に友達もおらず父とも会話が少ない。かつ、母は元々外に出るのを億劫《おっくう》がるところがありましたが、このコロナ禍《か》で拍車《はくしゃ》がかかり、現在では自宅の庭に出ることすら躊躇《ためら》う日もあると話していました。このままでは、長期的に見たときに、体力が低下し健康面でも不安があります。父の仕事がシフト制になったのも1年ほど前で、様々な要因が合わさって現在のような状況になっていると思います。

私は実家から新幹線を利用する距離に住んでいるため、母とは電話やメールで連絡を取り合っています。母と電話するときには出来るだけ話を聞き、母の意見を否定しないようにしています。その上で、矛盾点《むじゅん》があるときは疑問を投げかけるなど、「物事を知ることは大切だけど、過剰《かじょう》になると良くないからほどほどにね」と出来るだけ間接的に母に陰謀論を客観的に捉《とら》えてもらえるように促していますが、現状効果はありません。毎回電話が1時間に及び、延々と陰謀論の話を聞き続けるのは正直、負担です。

話が脱線しますが、私が小学校低学年のときに母がとある新興宗教の信者をしていました。当時幼《おさな》かった私は、母にその宗教の集まりに連れていかれ、なぜか分からないけども、その集会には行きたくなかったことを覚えています。父が激怒《げきど》した結果、母は集まりに行くのをやめました。

母のとある宗教への信仰と今回の件は、似ていると思います。信仰がある人を貶《おとし》めているわけではなく、母が何か一つの意見へ傾倒しやすい性質があるのではないかと思うからです。

直接的に私や家族が諭《さと》しても、母は否定されていると思い意固地《いこじ》になりそうですし、このままにしていても悪化する一方だと思います。批判的思考や論理的思考を知ってもらう為《ため》に母に本を贈ることも考えましたが、母は本や漫画を読まないことを思い出し、やめました。

根本《こんぽん》的な解決方法ではありませんが、母が自分のことで忙しくなれば陰謀論に接する時間が減ると思います。しかし、母は前述の通り引きこもりがちであり、パートであっても仕事を始める様子はなさそうです。

また父に対しても、母の夫としてなぜ何もしないのかと不信感を抱《いだ》きます。

きょうだいで早くこの状況を何とかしないと、と話し合っていますが、効果的な解決方法を見出《みいだ》せずにいます。

鴻上さん、どうしたら良いでしょうか。

じーこさん。本当に大変ですね。コロナ禍の不安な世の中で、じーこさんと同じ悩みを抱《かか》えている人は増えているんじゃないかと思います。

「母のとある宗教への信仰と今回の件は、似ていると思います」と書かれていますが、僕はずっと陰謀論とカルト宗教に「ハマる」人は似ていると思っています。

そして、だからこそ、じーこさんの相談に、うまくアドバイスできるだろうかと心配しています。

僕は昔、友人を奪おうとするカルト宗教と戦ったことがありました。

僕が大学生の時は、カルト宗教と名乗らず、一般的なふりをしたサークルが大学にはありました。

映画を鑑賞して話し合うとか、ハイキングに出かけてレクリエーションを楽しむ、なんていうサークルです。そして、徐々《じょじょ》に親しくなって、少しずつ「真理に興味ある？」「世界の本当の姿を知りたくない？」「本当の幸福について考えたことある？」と誘導していくのです。

やがて気が付くと、カルト宗教独自の世界観にどっぷりとハマって、この世界は間違いだらけで、でも人々は本当の姿に気付いてないと思い込むようになります。

そして、「真実」を知った自分は、一刻も早く多くの人々に伝えなければいけないと信じるようになるのです。

ね、じーこさん。陰謀論を信じる人ととても似ていると思いませんか？

カルト宗教にハマる根本の原因は淋《さび》しさや不安で、それは陰謀論も同じだと僕は思っています。

そして、さらにのめり込む理由は、「使命感」と「充実感」です。

自分だけが知っている真理を世界の人々に伝えなければいけないという「使命感」と、活動を続けることで信者・仲間を獲得するなど、なんらかの手応《てごた》えによる「充実感」が、カルト宗教と陰謀論を信じ続ける動機だと僕は思っているのです。

自分だけが知っている「世界の真実」を他人に語る時、「使命感」と「充実感」を感じ、ずっと苦しめられていた淋しさや不安、空《むな》しさは消えていきます。

ですから、冷静な論理的説得は意味がないのです。

僕は、カルト宗教にハマった友人に、必死で調べた「教義の論理的矛盾」や「教祖のスキャンダル」「集められた金の行方《ゆくえ》」を話しましたが、友人を説得することはできませんでした。

カルト宗教の側《がわ》から、いくらでも説明（というかごまかし）が語られたからです。

陰謀論も同じです。どんな言い方をしても、陰謀論側から反論が生まれます。

最終的には、フェイクニュースをでっちあげればいいのですから、どんな論理的説得も論破《ろんぱ》できるのです。

カルト宗教も陰謀論も、論理的に説得しようとすることは、それを信じている人の不安と淋しさを増幅《ぞうふく》させるだけだと僕は思っています。結果的に信仰を強化することにはなっても、洗脳が解《と》ける可能性は少ないでしょう。

カルト宗教から脱会させる一般的な方法は、まずは、カルト宗教と具体的に距離を取ることです。

カルト宗教に友人を奪われそうになった時、まず、僕がしたのは、友人を具体的に宗教団体から離すことでした。

カルト宗教側は、団体から離れることのマイナス面を熟知していますから、なんとかして信者を取り戻そうとします。団体で共に生活している限り、「使命感」と「充実感」を与えることができると確信しているからです。

ここが、陰謀論との違いです。

陰謀論がやっかいなのは、カルト宗教のように、「教会本部」という「離れる場所」が明確ではないことです。

じーこさんが書かれるように、SNSを通じて、いつでも信者はアクセス可能なのです。

ただし、カルト宗教と違って、陰謀論の場合は、陰謀論から離れようとする人を見つけ出し、連れ戻そうとする激しい動きは基本的にはない、と言っていいでしょう。

ただし、陰謀論を信じる人達が集まり、集団を作り、共に活動を始めてしまうと、カルト宗教と同じになります。

SNSでつながるだけではなく、現実の世界でも共に活動するようになると、陰謀論の世界から離れるのは、とても難しいんじゃないかと危惧《きぐ》します。

2021年1月にアメリカで議事堂を襲撃した人達の中には、ネットでQアノンなどに興味をもったことで出会い、現実でもつながった、というグループが多かったはずです。

そもそも、カルト宗教も陰謀論も、「充実感」を獲得するためには、「他人」が絶対に必要になります。

ハマればハマるほど、信じれば信じるほど、他人に熱心に「独特の世界観」を説《と》きます。

それは、心のどこかに「独特の世界観」に対する「一抹《いちまつ》の不安」があるからじゃないかと、僕は考えています。

どんなに陰謀論・カルト宗教の世界観を信じていても、心の深い部分で「本当にそうだろうか？」「あまりにも一方的すぎないだろうか？」という疑問が微細《びさい》な泡のように浮かぶからこそ、必死に他人に教えを説くことで、泡の一つ一つを潰《つぶ》しているんじゃないかと感じるのです。

それは多くの場合、無意識の行為かもしれません。

でも、はっきりしているのは、熱心な信者になればなるほど、「伝えたい誰か」を強く求めるということです。

逆に言えば、「伝えたい誰か」が存在しなければ、熱心な信者であり続けることは難しいのです。

じーこさんのお母さんが、「毎回1時間の電話」をするのは、そうすることで自らの「信仰」を強化していると考えられるのです。

じーこさんや弟たちが、やがて長時間の電話に疲れてお母さんの話を聞かなくなったとしたら、お母さんは「充実感」を得るために、話せる「他人」を求めるでしょう。

陰謀論にハマることの問題点は、これです。アメリカの場合のような陰謀論グループに属していれば、仲間でお互いの「信仰」を検証し合いますが（だからこそ、自分の信仰の強さを証明するために、暴力的な行動に出たりするのですが）、SNSで陰謀論を知り、現実では他人とつながっていない場合は、話せる「他人」を求めるようになります。

結果として、「独自の世界観」に驚いた近所の人達や昔の友達、つまり「世間《せけん》」を失っていきます。

ただし、ここで陰謀論そのものを疑い始めるという可能性はあります。周りのあまりの反応の無さや無関心に、「陰謀論を信じることで、かえって淋しさや不安が増大すること」に気付く場合です。

ですが、反対の結果になることの方が多いかもしれません。「世間」を失っても挫《くじ》けず、「社会」の人達、つまり、自分とはまったく関係のない人達に話し始めるという可能性です。SNSで発信を続けたり、なんらかの運動に参加したり、戸別《こべつ》訪問を始める場合です。

じーこさん。ここから僕は厳しいことを書かないといけません。

カルト宗教にハマった友人を奪還《だっかん》するために、僕は徹底的に付き添いました。女性の友人でしたが、ハマった動機が淋しさや不安だと感じたからこそ、友人が淋しさや不安を感じないように、常に一緒《いっしょ》にいようとしたのです。

カルト宗教の人達からは逃げ続けました。アパートに押しかけられたり、待ち伏せされたりすることを避《さ》けるために、友人に引っ越しを勧《すす》め、手伝いました。カルト宗教の人達と出会わないために、間一髪《かんいっぱつ》で、窓から逃げたこともありました。

そして、友人を安心させ、安定した気持ちになった時に、あらためて「教義の矛盾」を語りました。ゆっくり、ゆっくりと、僕がおかしいと思うことを話しました。

冷静な説得ではなく、温かい説得を続けたのです。

一週間ぐらいして、友人は話している最中、突然、号泣しました。それが、洗脳が解けた瞬間でした。論理的な説得が効いたのではないと感じました。ただ、僕といる温《ぬく》もりが最後の扉を開けたと感じました。

そして、友人は、カルト宗教ではなく、僕に依存するようになりました。僕達は話し合い、友人は東京近郊の親戚の家に住むことになりました。友人はそこから生活を立て直すことができました。

大学生だったから、ここまで友人とつきあえたのですが、正直に言うと、僕は疲れ切っていました。数カ月間、かなりの時間を友人に使っていたからです。

それからしばらくして、別な友人がまたカルト宗教にハマりました。

でも、僕はその時は、演劇を始めていて、忙しい日々を送っていました。大切な友人でしたが、とても忙しくて、その友人の「不安と淋しさ」を埋《う》める時間はありませんでした。

僕は一人の人生を救うためには、もう一人の人生が必要なんだと思いました。片手《かた》間《ま》ではカルト宗教とは戦えない。戦うなら、僕の人生全体を使う必要がある。

でも、僕には僕の人生があって、僕はこの友人のために自分の人生は使えない。それが、当時の僕の結論でした。

じーこさん。こんなことを書いてごめんなさい。でも、お母さんを陰謀論から抜け出させるためには、お母さんの不安や淋しさを丸ごと引き受ける必要があるだろうと僕は思っているのです。

それがどれほど大変なことか。あらためて書くまでもないでしょう。じーこさんや弟たち、父親の人生全体が問われるのです。

でも、陰謀論はそれぐらい手ごわい相手だと僕は思っているのです。

できる限り、家族全体で母親の「不安と淋しさ」を分担して引き受けるという方法があるかもしれません。

長電話をやめて、簡潔に対応するようにして、母親の変化を定期的に見るという方法もあるでしょう。「世間」を失うことで陰謀論から戻るのか。さらに進むのか。

ちなみに、僕が対応できなかった別な友人は、最後の最後、カルト宗教が用意した集団結婚式に参加する直前、踏《ふ》みとどまりました。それは、友人の人生そのものを決めるイベントでした。彼女はカルト宗教と引き換えに、自分の「世間」をすべて失うことを拒否したのです。

じーこさん。僕がアドバイスできるのはここまでです。じーこさんにはじーこさんの、弟たちには弟たちの、父には父の人生があると思います。その中で、どれだけの時間とエネルギーをお母さんに使えるかは、それぞれの人が決めることだと思っているからです。

じーこさん。切《せつ》なくて苦しくて本当につらい戦いだと思いますが、心から応援します。

相談5

分からないことを聞きたくても、私はいつ社長に話しかけていいのかすら分かりません

34歳・女性　はちみつカフェオレ

鴻上さん、いつも楽しみに拝読しています。最近転職しました。事務のパートとして採用され、求人には特に必要なスキルもなく簡単なＰＣ入力ができればとのことでした。しかし、いざ仕事を始めるとブログの記事作成やイラストソフトでの画像編集、求人サイトの編集など思っていたより複雑なことが多いです。

分からないことを聞きたくても事務所には社長が不在か居《い》てもほぼＷｅｂ会議をしていて、私はいつ話しかけていいのかすら分かりません。分からないなりに自分で調べながらなんとかやっているつもりですが、「仕事が遅い」「役立たず」などと思われているのかと思うとつらくて仕方がありません。特に仕事のことで叱責《しっせき》されることはありませんが、私のやることに良いとも悪いとも言われず、何を考えておられるのか

ちっとも分かりません。不安で不安で、毎朝泣き出したい気持ちでいっぱいになります。どうすれば毎朝、平穏《へいおん》な気持ちで仕事に向かえるでしょうか。

…………

はちみつカフェオレさん。「不安で不安で、毎朝泣き出したい気持ち」になりますか。

でも、はちみつカフェオレさんが何をすればいいか、もう、答えは出ていると思いますよ。

だって、「いつ話しかけていいのかすら分かりません」ということですから、社長に「話があるので、いつ話しかければいいですか？」と聞けばいいのです。

「何を考えておられるのかちっとも分かりません」ということですから、「私のやっていることは良いですか？　悪いですか？　教えて下さい」と聞けばいいのです。

ね。驚くほどシンプルでしょう？

えっ？　そんなことをして「社長に迷惑をかけてしまうんじゃないか」と思いました？　ひょっとして、はちみつカフェオレさんは、ずっと「人に迷惑をかけるな」と言われて育ってきましたか？　子供の頃から、何かあると「人に迷惑をかけない人になれ」と言われてきましたか？

それは、「人迷惑の呪《のろ》い」と言われるものです（嘘《うそ》です。今、勝手にでっちあげました）。でも、人を縛《しば》る呪いの呪文《じゅもん》であることは間違いないです。

僕の勝手な判断ですが、「人に迷惑をかけるな」という言葉を多用する大人は、あまりビジネスシーンで働いたことがない人だと思っています。

だって、ビジネスの現場では、他人の主張が自分の迷惑となり、自分の主張が他人の迷惑になることが当り前だからです。

自分に都合があって、相手にも都合がある。当り前のことですね。質の悪いビジネスドラマは、ただの悪人がでてきます。何の言い訳も同情もできない無能な上司とか卑怯《ひきょう》な社長ですね。こういう人達は、ただの「迷惑」ですね。

でも、良質のビジネスドラマは、それぞれに事情があって、それぞれが真剣に仕事をしている人が登場します。それぞれが悪意なく、ただ自分の仕事をしているのにぶつかる。それは「迷惑」なんて言葉で表すことじゃないでしょう。

社長は忙しい。でも、はちみつカフェオレさんも仕事のことをいろいろと知りたい。両方とも、当り前のことですね。そこで話すことは、「迷惑」なんて言葉とはまったく関係のないことです。

「人に迷惑をかけない」というのは、夜中、大音量で音楽を聴かないとか、コンビニの列に横入りしないとか、道にゴミを捨てないなんていう公衆道徳に関係することです。

仕事を真剣にしようとする時の「摩擦《まさつ》」は、「迷惑」とは違うのです。

「『仕事が遅い』『役立たず』などと思われているのかと思うとつらくて仕方がありません」と書かれていますが、はちみつカフェオレさんは「分からないなりに自分で調べながらなんとかやっているつもり」で、社長から「叱責されることはありません」ということですから、じつに優秀な社員だと思いますよ。

「人に迷惑をかけない」という呪文と「自分なんてどうせ最低だから」という呪文は

セットになりがちですが、でも、もし本当に社長がはちみつカフェオレさんのことをダメだと思ったら、なんらかの意思表示をしていると思います。ビジネスなんですから。

もし、どうしても強力な呪文に縛られて動けないようなら、「今、話しかけるのは迷惑ですか？」とまず聞いてください。たぶん、社長は驚くと思います。

軽い気持ちで話しかけてみませんか？　それが「平穏な気持ちで仕事に向かえ」るために、一番、いい方法だと思いますよ。

相談6

一人行動が大好きなのに面倒《めんどう》ごとを引き寄せてしまって困っています

31歳・女性　薄暑

こんにちは。アラサーの女性です。

私は本来とても暗い性格で、人の世話を焼くのも好きではなく、一人行動が大好きです。

しかし職場ではなるべく明るくあまり細かいことに頓着《とんちゃく》せずに人付き合いをするよう努《つと》めています。

今の職場は特に女性が多いためか、ギスギスねちねちしており噂《うわさ》や悪口好きな雰囲気です。

私も何か言われていることは想像に難《かた》くないですが、あまり深入りしたくなく、仕事や日々の些末《さまつ》なことに楽しみを見つけながらマイペースに過ごしておりました。

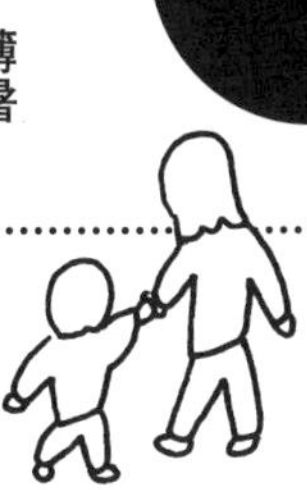

しかしそれを2年ほど続けていたところ、上司からも他のチームの方からも「あなたはムードメーカーだから」と言われてしまい、席替えの際に新人さんや異動で来られた方、短期派遣さんの隣《となり》に配置されるようになってしまいました。

加えてお局《つぼね》様から「あなたは愛されて育ったのね、自己肯定感《こうていかん》が高いでしょ？ 私の家なんて（家庭の暗い事情の話）。。。」と、愚痴《ぐち》を言われるようになってしまいました。

チームの方と面倒な人間関係になりたくないから明るくして適度に距離を置いていたのに、逆に面倒ごとを引き寄せてしまって困っています。

薄暑さん。薄暑さんはとても素晴《すば》らしい人だと思います。

それは「私は本来とても暗い性格で、人の世話を焼くのも好きではなく、一人行動が大好き」なのに「職場ではなるべく明るくあまり細かいことに頓着せずに人付き合いをするよう努めて」いることです。

これは、「心」と「行動」を分けて考えているということです。

残念ながら、日本人には、「心」と「行動」が一致していることが大切なことなん

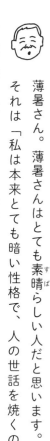

だと誤解している人が多いと僕は思っています。

それは、道徳的に大切なことを言おうとすると、すぐに、「思いやり」とか「絆《きずな》」とか「優しさ」なんていう「内面」を問題にする傾向があるからだと思います。

学校で「こころの教育」なんてことが言われていることも深く関係しているでしょう。

でもね、人間はそんなに単純な生き物ではないのです。

たとえば、差別問題にしても、僕は「心の中に差別感情があること」と、「それを態度や言葉に出すこと」は、まったく別なことだと思っています。

真面目《まじめ》な人ほど、「自分には差別感情はないのか」ということを突き詰めると、何も言えなくなると僕は考えます。だって、誤解を恐れずに言えば、心の中から100%差別感情をなくすなんてことは、不可能だと僕は思っているのです。

国籍で差別する心がまったくない人も、美醜《びしゅう》で差別する気持ちが少しはあるかもしれないし、それがなくても、学歴や貧富《ひんぷ》の差で差別感情を持つかもしれません。

でも、差別感情を持つことと、それを態度や言葉、表情に表すことは、根本《こんぽん》的に違うのです。

日本では、震災などの時に多額の寄付をする人に対して、「売名行為《ばいめいこうい》」「偽善《ぎぜん》」なんて言葉がネットで投げかけられたりします。それは、「行動」ではなく「心」が問題だと思っているからです。

でも、何万回も繰《く》り返しますが「行動」と「心」を一緒《いっしょ》に問題にしてはいけないのです。

それは、多様化する社会で、私達が共に生きていくための必要な知恵だからです。「世間《せけん》」が強力だった、昔の日本のような同質社会の場合は、「心」を問題にしても、そんなに違いはなかったでしょう（これはこれで問題なのですが）。

でも、協調性から多様性に向かう社会で、価値観の違う人と、一緒に仕事をするためには、「心」ではなく、相手の「行動」でつながることが大切なのです。これは好《この》むと好まざるとに関係のない、ダイバーシティーを生き延びる技術だと僕は思っています。

一度、ネットでこのことを書いたら「お前は『面従腹背《めんじゅうふくはい》』を良しとするのか」と突っ込まれました。

これもまた、「心」と「行動」を一緒にしている考え方です。「面従腹背」は、「表面は服従《ふくじゅう》するように見せかけて、内心では反抗すること」（広辞苑《こうじえん》）です。

そもそも、仕事を一緒にすることと服従することはまったく違いますが、内心では嫌いな相手と仕事の一致点で協力するのは、ビジネスの現場では珍《めずら》しいことではないでしょう。

それを「面従腹背」と言うのなら、「心のチェックテスト」をして、「同じことを考えている人」だけを集めるしかなくなります。そして、「心のチェックテスト」というものがこの世に存在するのかどうか、知りたくなります。

さて、薄暑さん。

こんな話を長々としたのは、薄暑さんの仕事場での態度がとても大人《おとな》だということを伝えたかったからです。

そして、それが評価されたということは、周りもじつはそういう生き方を良しとしているんじゃないかということです。

「ギスギスねちねちしており噂や悪口好きな雰囲気」は、つまりは「心」を問題にしている人達です。「あの人は嫌い」「あの人に嫌われている」ということを問題にしている人は、「行動」を判断しません。

嫌いな人の「行動」は、嫌いなんだから評価しない、ということです。

それは、とても息苦しい生き方だと僕は思っています。だって、目の前の人が自分のことを好きか嫌いか、いちいち、確かめないと会話できないなんて、辛《つら》すぎます。

そういう職場で、薄暑さんは、「深入りしたく」ないので、「仕事や日々の些末なことに楽しみを見つけながらマイペースに」生きてきて、そういう生き方を周りは評価したのです。それは当然だとも言えます。だって、好きで人の悪口を言ったり、ギスギスしてる人はそう多くないと思いますからね。多くの人は、穏《おだ》やかに生きていきたいはずです。

でね、薄暑さん。薄暑さんは、今までの生き方を曲げる必要はまったくないと思います。

マイペースに新人さんや短期派遣さんとつきあい、お局さんや他の人から「心」を求められたら、「私は本来とても暗い性格で、人の世話を焼くのも好きではなく、一人行動が大好き」なのに「職場ではなるべく明るくあまり細かいことに頓着せずに人付き合いをするよう努めて」いるんですと、正直に説明すればいいと思います。最初は理解されないかもしれませんが、薄暑さんのそういう生き方が上司や他のチームの人から評価されたのです。

「心」と「行動」を分けることが、これからは必要だし、快適なんだと力説するのもいいでしょう。

マイペースの「心」で、いつもの「行動」を続けていけば、やがて、「心」ではなく「行動」の範囲で薄暑さんとつながろうとする人達が増えていくと思います。だって、そういう生き方は「他人の悪口と噂話を言い合って、お互いの心を確認し合う」生き方より、はるかに快適なんですから。

そうやって「心」をマイペースに守りながら、「行動」の範囲で周りとつながることをお勧《すす》めします。薄暑さんなら、きっとそういう生き方を続けられるし、やがて周りは理解してくれると思いますよ。

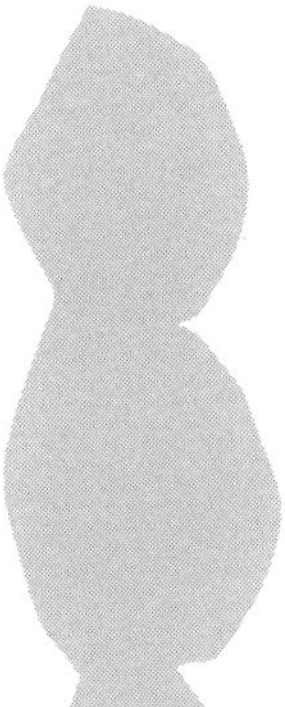

相談7

障害のある娘をどうしたら人々の悪意から守れるでしょうか

36歳・女性　くじら

鴻上さん、はじめまして。いつも楽しくそして何度も頷《うなず》きながら拝読しております。

私は現在36歳で、共働きで保育園に通う2人の子供を育てています。

我が家の次女は、ダウン症があります。産後すぐは、長女になんて申し訳ないことをしてしまったんだろう、どうしたら妊娠前に時間が戻せるんだろう、などと今思うと最低のことを思ってしまったこともありました。しばらくは次女といても気持ちに靄《もや》がかかったような状態だったものの、次女の可愛《かわい》さが少しずつそれを晴らしてくれ、今ではこの子じゃなければよかったという気持ちは1%もないと自信を持って言えます。

幸《さいわ》い周りの環境にも恵まれ、保育園の先生方や主治医など優しい方々に囲まれて、

なにより子供たちの可愛さに救われて（大変さも同じくらいありますが……）楽しく毎日を過ごしています。

さて、ご相談したいのはこれから次女が成長し、学校、社会に出て行く中で、どうしたら悪意のある人から守れるのか、ということです。つい先日某《ぼう》ミュージシャンの過去の行為がニュースになり、同じように不安に思い動揺《どうよう》している方がたくさんいるのではないかと思います。大きくは次女に限らず、健常である長女を含め、全ての子供たちに関わる問題だと思います。

あのニュースを見てから（過去の記事を全て読んだわけではないのですが）心がえぐられたような感覚が消えません。被害に遭《あ》われた方を思うと涙が出ますし、次女にそんなことが起こったらと思うと、動悸《どうき》がして胸が苦しくなります。

親ができることとしてはとにかく環境をよく考えて選んで、できる限りのことをするしかないのだとは思っています（被害者の方のご両親がよく考えていなかったということでは全くありません）。

ただ、次女の出産後これほどの悪意が世の中にあることを想像したことがなく（電車などでちらちら見られるくらいのことはありましたが）、次女にもいろんな経験をして好きなことを見つけてほしいと考えており、それが子育ての希望にもなっていたため、「そんなことよりも、とにかく安全に過ごせる場所にいさせてあげなくては」と自分が次女を狭《せま》い世界に閉じ込めてしまうようになるのでは、ということも不安です。

例《たと》えば小学校も、長女も通う予定の地域の小学校で（普通級ではなく支援学級になると思いますが）健常の子たちとも関わりながら生活をするのが次女の成長にとっても良いのではないかと思い（そしてダウン症児の親としては、ハンディキャップがある子が当然に身近にいる環境で育つことで、周りの子供たちが障害に対してフラットな「いろんな子がいて当然だよね」という意識を持って成長してくれたらいいな……という願いもあり）、入学を希望していましたが、それにも少し不安を感じてしまっています（通う予定の学校について悪い評判を聞いたことはないので、大丈夫だろうと頭では思っているのですが）。

大変長文になってしまい申し訳ありません。「子供たち、特に障害のある子をどうしたら悪意から守れるのか」ということについて完全な策はないのではと思うので、それを教えてほしいというわけではないのですが、このような問題について鴻上さんのお考えや、気持ちの持ち方についてアドバイスをいただけたら大変うれしいです。

もしこの相談を取り上げていただけたら、それを読んで同じように障害のある子を育てているパパ、ママたちの動揺する気持ちが少しでも穏《おだ》やかになり、元気に子供たちに向き合えるようになったら、と願っています。

くじらさん。暑い日が続いていますが、毎日の子育てはいかがですか？

くじらさんが書かれているように、僕も「『子供たち、特に障害のある子をどうしたら悪意から守れるのか』ということについて完全な策はない」と思っています。

とても残念なことですが、問題を一気に解決するような万能な策はないでしょう。ただ、「次善《じぜん》の策」はいくつかあると思っています。

そのひとつは、これもくじらさんが書かれている「周りの子供たちが障害に対してフラットな『いろんな子がいて当然だよね』という意識を持って成長して」くれる環境を用意することでしょう。

そのためには、「ハンディキャップがある子が当然に身近にいる環境」で、子供だけでなく大人も生活できることですよね。

僕は小学生の時、商店街が主催したツアーに一人で参加しました。祖父母は米穀《べいこく》商《しょう》を営んでいて、商店街のまとめ役だったのですが、祖父母も両親も参加せずに、何《な》故《ぜ》か僕一人だけが誘われました。たぶん、キャンセルが一人出て、「じゃあ、鴻上さんのところの孫を入れてあげよう」となったんじゃないかと、今となっては想像しています。

他の参加者は、みんな商店街の人達とその友達や関係者でした。

旅館に着いて、いきなり、一人の男性に話しかけられました。30歳前後に見えましたが、言葉がはっきりせず、何を言っているのか、よく分かりませんでした。

小学生だった僕は身構えて、身体が強張《こわば》りました。

すると、ツアーに参加した人が、その男性に「どうしたの？」と声をかけました。

その男性は一生懸命、声をかけた人に話しました。

「ははあ。君はお米屋さんの孫なの？と聞いているよ」と、にっこり笑って、その人は僕に説明してくれました。

僕はあらためて、男性の顔を見ました。満面の笑みで、僕にむかってうなづいていました。僕もあわてて、うなづきました。

「よしちゃんの言ってることは分かりにくいんだけど、よく聞けば分かるから」

説明してくれた男性は、あっさりとそう言いました。

部屋は、男達数人の相部屋でした。

食事の後、中学生や高校生、そして大人達とよしさんが一緒《いっしょ》になってワイワイと話していました。

よしさんが必死になって何かを話し、高校生が「よしさん。何言ってるか分かんねーよ」と笑いながら突っ込み、よしさんがその言葉を聞いて大笑いし、大人が「いや、俺は分かる！」と解説し、でもよしさんが「ちがう」と訂正して、会話は続きました。

よしさんと一緒に笑っている人達は、みんな、よしさんの知り合いでした。よしさんと会話して、分かったり分からなかったりしながら、突っ込んだり、笑ったり、ムッとしたりするのが日常のようでした。

笑いの中には親しさしかありませんでした。バカにするとか、排除するという匂《にお》いはまったくありませんでした。

なによりも、よしさんと普通に接していることが、小学生の僕には驚きでした。言ってることが分からない時は分からないと言い、はっきりしゃべってない時はもっとはっきりしゃべってと言い、筋《すじ》が通ってない時はこういうことなの？と確かめる。じつに、普通の会話でした。

今から思えば、よしさんは知的障害に分類されるのだと思います。でも、男部屋で一緒に寝た人達は、それが障害ではなく、よしさんの個性として当り前に接していたのです。

それは小学生だった僕には、本当に衝撃的な体験でした。ハンディキャップのある人達に対する接し方が、１８０度、完全に変わりました。

僕の通っていた小学校では、支援学級（昔はこの言葉ではありませんでしたが）がありましたが、どう接していいか分からず、ただ距離を取ったり、先生に言われた義務感から話しかけたりしていました。

ですが、僕はこのツアー以降、普通に接するようになりました。距離を取ったり、無理に話しかけるのではなく、目があったり、すれちがったり、空気を感じた時に自然に声をかけました。

あのツアーの体験がなかったら、決してそうはならなかっただろうと思います。

商店街のツアーは、今からもう50年も前の話で、まだ地域の共同体が健全に機能していたんだなと感じます。地域にはさまざまな人達がいて、さまざまな人達がいることが当り前で、さまざまな人達と共に生きることが当然なんだと、みんなが地域を大切にしていた時代だと思います（それは「世間《せけん》」が機能していたということで、この強い「世間」から弾《はじ》き飛ばされると、いきなり人々は牙《きば》をむくのですが、それはまた別の話です）。

さて、くじらさん。

「障害のある子を悪意から守る」ためには、障害があることが特別なことではないと、多くの日本国民が思えることが重要だと思います。

それは、本当は健全な想像力があれば、分かることです。人間を「障害」や「生産性」で切り捨ててしまうことは、自分がそうなる可能性をまったく想像してないということです。

でも、人生は何が起こるか分かりません。病気や事故で、以前の「生産性」を失い、「障害」を持つようになる可能性は誰にもあります。自分は絶対にそんなことにならないと断定できる人がいるとしたら、僕には信じられないことですが、今、たまたま自分がそうでないというだけの理由で、「そういった社会的弱者」を切り捨て、悪意をぶつけることは、自分で自分の首を絞《し》めることなのです。率先《そっせん》して自分自身が生き難《にく》い世の中を作っているということです。

と書きながら、私達は「当事者にならないと分からない」ことがよくあります。接客業に就《つ》いて初めて客の横柄《おうへい》な態度のインパクトに驚いたり、子供を持って初めて親の苦労が分かったり、リーダーにされて初めて人を指導することの難しさに苦しんだりするのです。

でも、「当事者にならない限り気持ちが分からない」のでは、いろんなことが手遅れになってしまいます。そのために想像力を使うのですが、それが不十分な時は、「当事者から話を聞く」という方法があります。

接客業に就く前に接客業の人から話を聞き、子供を持った人から子育ての苦労を聞き、リーダーになっている人から人を導く苦しさを聞くのです。

そうして、自分の不十分な想像力を補うことが、よりよく生きる方法だと僕は思っています。

だからこそ、くじらさんの相談を取り上げさせてもらいました。

くじらさんの相談は、まさに「当事者の話」です。くじらさんの苦労や苦しみを知っていくことが、「障害のある子を悪意から守る」ための一つの方法だと僕は思っているのです。

この相談を読んだ多くの人が、「いじめはそもそも許しがたいのに、障害のある子をいじめるなんてのは、言語道断《ごんごどうだん》、絶対に見過ごさない」と思ったり、「なるほど。なるべく障害のある子と一緒に過ごす時間を作ればいいんだ。そして自然に接してみればいいいんだ」と思ってもらうことが、この国の多くの人の意識を変えていくことだと思っているのです。

名作映画『チョコレートドーナツ』を見る前と後で、ダウン症児に対する意識がまったく変わった知り合いがいます。人は、知ることで変わる可能性があるのです。

どうですか。くじらさん。

長い道ですが、少しずつ少しずつ、当事者の思いを伝え、本当の姿を知らせていくことが、ぶつけられる悪意を減らす一歩だと僕は考えているのです。

そのためにも、僕自身、作家・演出家として、できることはしようと思っています。

くじらさんの子育てを心から応援します。

相談8

他人を見下してしまう自分を変えたいです

34歳・女性　もちつゆ

こんにちは鴻上さん。私は接客業に従事している30代です。働き出してから10年以上経《た》ちますが、お客様に対しても同僚に対しても見下してしまうような思考や言葉が止まりません（直接本人に言うのではなく、他の同僚に愚痴《ぐち》ったり悪口を言い合ったりしています）。

例《たと》えば、あるお客様はどうしても毎回お約束のお時間にお越しになられず、遅れるようだったら連絡して欲しい旨《むね》をお伝えしても、数分ならOKだと思っているのか毎回遅れられます。その方がお帰りになられた後、同僚と「あの人何で毎回遅れるんでしょうね？　何か病気でも持ってるんですかね？」や、自分よりも歴の長い同僚に対しても「あの人何度か注意してるのに、何でこんな事もできないんだろ？　私よりも

仕事の歴が長い筈《はず》なのに、報連相《ほうれんそう》しない上に指示を出さないと動かない……いい加減にしてよ」等酷《ひど》いことを言ってしまいます。

見下してしまう心を持っているのは私の中に強い劣等《れっとう》感があり、それを軽減するために自分よりもできない（実際はどうか分かりませんが）人間を見て優越《ゆうえつ》感を持つことで辛《かろ》うじて自尊心を守っているからだというような気がします。今まで誰かと自分を比べて自分の方が劣っていると実感させられることの方が多かった人生だったので、自分よりも劣っている人間がいる事が嬉《うれ》しいのだと思います。しかし誰かを見下して喜ぶ人生なんて不健全だという事も分かっています。でも脱却できない。一体どうすれば良いでしょうか？

…………………………………………

もちつゆさん。よく相談してくれました。

相談の文章を書くだけでも苦しかったんじゃないですか？

もちつゆさんが一番認めたくないことを認めることですからね。「私の中に強い劣等感があり、それを軽減するために自分よりもできない（実際はどうか分かりませんが）人間を見て優越感を持つことで辛うじて自尊心を守っている」と書くのは、とても勇気がいることです。

問題は「見下すこと」ではなくて「強い劣等感があること」だと認めることですからね。

たしかに、「自分はダメだ」という思いに苦しめられる時に、自分よりダメだと思う人間を見つけることは、一時的ななぐさめになります。

自分が上に上がれない時に、周りを引きずり下ろそうとするのは、ある意味、人間の自然な感情だと思います。

周りを引きずり下ろすことで、相対的に自分が上に上がったような気になりますからね。

でも、もちつゆさんは「誰かを見下して喜ぶ人生なんて不健全だという事も分かって」いるんですよね。そう書けることは素敵《すてき》なことだと思います。

自分の心のメカニズムをちゃんと理解して、ちゃんと判断できているのです。

ここまで分かっているのなら、このメカニズムから抜け出すのは、そんなに難しいことではないと僕は思います。

だって、本気でこのメカニズムで自分を支えている人は（つまり、誰かの悪口を言い続けて、自分を保っている人は）、こんなことを人に言えないし、不健全だとも感じないと思うからです。

さて、もちつゆさん。

もちつゆさんの劣等感の原因は、「誰かと自分を比べて自分の方が劣っていると実感させられることの方が多かった人生」だからなんですね。

それは職場のことですか？　それとも学校時代からのことですか？　子供の頃からですか？

職場だとしたら、劣っていることが多かった結果、どうなりましたか？　クビになりましたか？　毎日、上司から注意されていますか？

相談の文章からすると、10年以上接客業ですから、クビになったりはしてないんですよね。

もちつゆさんは、劣っていると感じることが「多かった」と書かれていますから、「すべてのこと」で劣っていたわけじゃないんですよね。

劣ってないこと、普通のこと、優れていることは、何もなかったですか？

僕はそもそも、10年以上、ちゃんと働き続けられていることがすごいと思いますよ。

それはつまり、毎日、ちゃんと朝起きて、職場に行けているということですから。

えっ？　からかっている？　いえいえ、本気ですよ。

毎日、ちゃんと起きて、遅刻しないように職場に行って、言われた仕事をこなすというのは、それだけですごいことです。そう思いませんか？

もちろん、うまくいかないこともあるでしょう。仕事のミスもあるでしょう。でも、だからといって仕事を放り出さず、ちゃんと毎日、職場に行くことは、本当にすごいことです。これだけで、充分、自分をほめる理由になると僕は思っています。

他人と比べて劣等感が生まれ、その悲しみや苛立《いらだ》ちのために人を見下すのなら、まず、他人と比べないで、自分をちゃんと見つめませんか。

もちつゆさんには、なんにもほめることはありませんか？

毎朝、ちゃんと起きること。文句を直接本人には言わないこと。他人を見下した後、不健全だと感じること。自分の悩みを文章にしたこと。そして、思い切って『ほがらか人生相談』に送ったこと。それらは、充分ほめるに値《あたい》する、とても素敵なことだと僕は思います。

もちつゆさん。他人と比べて自分のあら探しをするのではなく、自分自身の良いところを見つけ出し、作り出し、集めませんか？

美味《おい》しい料理を作れたことも、休日に何かの運動をしたことも、夜中に甘いものをガマンしたことも、友達のグチを聞いてあげたことも、体重が500グラム減ったことも、今日はお肌のハリがいいことも、すべて、とても素敵なことです。

もちつゆさんが、もちつゆさんを大好きになれる充分な理由です。

他人と比べ、他人のあら探しをするエネルギーを、自分を見つめ、自分の良いところを見つけ出し、作り出すエネルギーに使うのです。

なかなか良いところが見つからないなら、さあ、考えましょう。休日なのにダラダラしないで本を読んでみようとか、ちょっと散歩してみようかとか、部屋の片づけをしてみようとか、小さな素敵なことを作り出すのです。

人間の持っているエネルギーは有限なので、自分の良いところを一生懸命探したり、作ったりしていると、劣等感の方に回すエネルギーはなくなります。自分を責《せ》めている余裕がなくなるのです。これは本当です。

もちつゆさん。小さなことから、ささいなことから、なんでもないことから、自分を好きになれることを始めてみませんか。

青空に向かって深呼吸することだって、とても素敵なことですからね。一日に何個、素敵なことが見つけられるか。どうですか、もちつゆさん、やってみませんか？

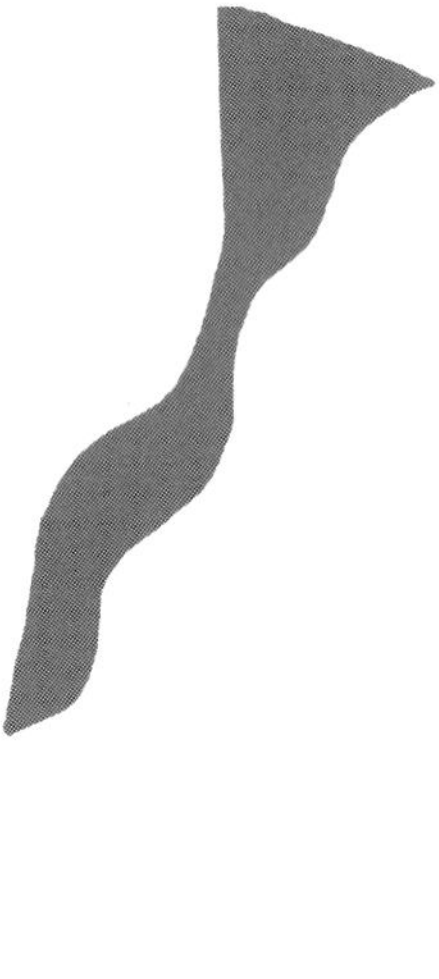

相談9

夫と死別後、付き合うことになりましたが、彼はいつまでも2番目の人です

50歳・女性　猫ぱんだ

数年前、最愛の主人を病気で亡くしました。もう、わたしには勿体無《もったいな》いくらいの全てにおいて理想的な人で、これ以上に好きになる人はいないと断言できるような人でした。未亡人になってみると、やはり一人は寂《さび》しく、話し相手がいないことで独《ひと》り言《ごと》がずいぶん増えました。友達と呼べる人や、同僚、子供はいるのですが、そういう相手ではなく心がときめく人がたとえ二次元《にじげん》でもいれば励《はげ》みになると考えるようになりました。

そんなときに、かなり歳《とし》の離れた男性に出会い、その人からアプローチされ、付き合うことになりました。見かけも悪くはなく、性格も温和《おんわ》で優しく、なによりもわたしのことを大事に考えてくれる人です。私を最後に看取《みと》ってくれるそうです。だけど、

わたしにとって彼はいつまでも2番目の人なんです。その人にそのことを正直に話したのですがそれでもいいと笑顔で言います。こんないい加減な私はこのままでも、彼に甘えていていいのでしょうか？　私が彼にしてあげられることはなんでしょうか？

………………

猫ぱんださん。亡くなったご主人は、「理想的な人で、これ以上に好きになる人はいないと断言できるような人」だったんですね。病気で亡くなられたことはとても悲しいことですが、そんな素敵《すてき》な人と出会い、愛し合い、結婚生活を送れたことは、本当に素晴《すば》らしいことですね。

でも、「未亡人になってみると、やはり一人は寂しく」感じるんですね。それは、人間としてとても自然なことだと思います。

そして、「私を最後に看取ってくれる」という人が現れたんですね。でも、「彼はいつまでも2番目の人」だと感じるんですね。そして、「その人にそのことを正直に話したのですがそれでもいいと笑顔で」言うんですね。

猫ぱんださんの気持ちはどうですか？

心から愛したのは、もちろん亡くなったご主人ですが、2番目の人のことは、男として好きですか？

それとも、ただ寂しさを埋《う》めてくれる人だと感じていますか？

と、質問しながら、僕はどちらでもかまわないと思っています。

猫ぱんださんは、「こんないい加減な私はこのままでも、彼に甘えていていいのでしょうか？」と書かれていますが、全然、「いい加減」ではないですよ。だって、正直に「あなたは2番目の人」だと伝えているのですから。そして、それでもいいと相手が言ってくれているのですから。

この場合「甘えている」という言い方は当てはまらないと僕は思います。「甘えている」というのは、相手になんらかの負担や迷惑をかけている場合です。2番目の人は、2番目であることを納得《なっとく》しているからこそ、「最後に看取る」と言っているんじゃないでしょうか。

それでも気持ちが晴れないのなら、亡くなったご主人のことを考えてみませんか。

もし、亡くなったご主人が今の猫ぱんださんの悩みを知ったら、どう答えると思いますか？

「勿体無いくらいの全てにおいて理想的な人」だったのですから、間違いなく猫ぱんださんの幸せを一番に考えるんじゃないでしょうか。

猫ぱんださんの人生が充実したものになることを、亡くなったご主人は一番、望むんじゃないですか？　猫ぱんださんを深く愛していればいるほど、ご主人は猫ぱんださんが幸せになることを求めるでしょう。

自分に遠慮して、２番目の人を遠ざけたり、別れたりすることは望まないんじゃないですか？

それが「好き」という感情でも「寂しい」という感情でも、とりあえず2番目の人と一緒《いっしょ》にいることで、猫ぱんださんの人生が充実したものになるのなら、亡くなったご主人は「そうしなさい」と勧《すす》めるはずです。ご主人は、自分が一番愛されていること、そしてそれが絶対に変わらないことを知っていますから、自信と余裕を持って、猫ぱんださんが幸せになる方法を勧めるはずです。

ですから、猫ぱんださんは自分の気持ちに正直になればいいだけです。2番目の人と一緒にいたいと思えば一緒にいるし、いたくないと思えばやめればいいのです。

「私が彼にしてあげられることはなんでしょうか？」と書いていますが、もし猫ぱんださんが2番目の彼と一緒にいたいと感じるのなら、二人の時間を豊かに、充実させることだと思います。

猫ぱんださんが幸せになることが、2番目の彼も幸せになることです。そして、天国から見つめるご主人もまた、猫ぱんださんの幸せを感じて幸せになるはずです。

僕はそう信じます。

相談10

鴻上さん、女性って面倒《めんどう》な生き物だと思いますか？

32歳・女性　モウマンタイ

はじめまして。

人生相談というほど、大きい悩みではないのですが、気になることがあり投稿いたしました。

私の気になっていることは「女性って面倒な生き物なのか？」ということです。

正直、生きていて「女性って面倒だな」と思ったことがありません。

勿論《もちろん》、面倒だなと感じる人はいますが、それはその人が起こした事案や態度が面倒なだけで、男女関係なく、もしかしたら馬でも猫でも面倒だと感じる可能性が高いと思うからです。

学生時代は「女性って面倒！」と発言しているクラスメイト（女性）に、どのあた

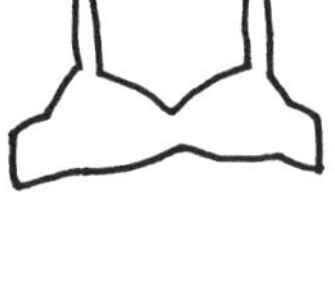

りが面倒と感じるのか？　その面倒な部分が男性にはないのか？と理解したい気持ちで聞いていたのですが、「面倒じゃないの？　私はすごく面倒！」と言われ、具体的な指摘を聞けてはおりません。

そして女性って面倒と言われてなんだか（今も少し感じますが）切《せつ》ない気持ちになってしまいます。

鴻上さん、女性って面倒な生き物だと思いますか？

えっ？　モウマンタイさん。「女性って面倒な生き物だと思いますか？」ですか。
僕の答えは、「女性には面倒な人もいるし、面倒でない人もいるし、もちろん、男性にも面倒な人もいるし、面倒でない人もいるし、モウマンタイさんが言うように馬や猫、犬にも面倒なタイプとそうでないタイプがいるでしょうが、そもそも、『面倒』というのは何について面倒なのか、仕事にはぜんぜんこだわらないのに食事と着る物に関していろいろとお節介《せっかい》で面倒な人はいるし、人によっては、いろいろと言われることが『面倒』と思う人もいれば思わない人もいるわけで……それで、質問はなんで

したっけ？」となります。

これを一口《ひとくち》で言うと「話が長い！」ということです。

で、話が長いことが嫌《いや》な人は、いきなり全体を語ります。これを「一般化」といいます。

「女性は〜」「男ってのは〜」だけじゃないですよね。「日本人は〜」「大阪人は〜」「アメリカ人は〜」「中国人は〜」「東北人は〜」「団塊《だんかい》の世代は〜」「ゆとり世代は〜」なんて、目の前の人を「一般化」して語る人はいます。

利点は「話が早い」ことですね。

僕は昔、アメリカで「日本人は手先《てさき》が器用でしょ。折《お》り鶴《づる》を折ってちょうだい！」と言われました。自慢《じまん》じゃないですが、僕は折り鶴は折れません（だから、自慢じゃないです）。

僕という個人を見ないで、いきなり「日本人」というフォルダーに放り込むと、実に話が早くなります。

「あなたは日本人なんだから、日本人は手先が器用なんだから、折り鶴を折ればいいの。以上！」という、秒単位の思考で物事が解決していくわけです。これは、なかなか爽快《そうかい》です。

逆に、「一般化」するマイナスは、目の前の人と具体的な対話ができなくなることです。

僕は経験ありませんが、友人はアメリカで、ビジネスの話でモメた時、「日本人は嘘《うそ》つきなんだよ。パールハーバー（真珠湾《しんじゅわん》）攻撃のだまし討《う》ちを見れば分かるよ」と面《めん》と向かって言われたそうです。

こう言った瞬間に、そのアメリカ人は目の前にいる僕の友人と対話する可能性を手放します。これから先、前向きな関係を作ることは難しいでしょう。

当り前のことですが、個人にはそれぞれ事情があります。僕は信じていませんが、「血液型性格判断」でさえ、４種類あります。が、「女性は〜」と「一般化」することは、個人の特性や違いを完全に無視することです。まるで「血の色が赤い人は〜」と言うようなものですね。

個人のそれぞれの事情をちゃんと認めようというのが、最近よく言われる「多様性・ダイバーシティー」ということです。

とても素敵《すてき》なことのようなイメージが広がっていますが、僕が繰《く》り返し言うように

「多様性はしんどい」のです。

相手を「一般化」せず、「多様性」の中でちゃんと違いを意識し、つきあっていくことは、大変なことです。

話は長くなるし、エネルギーも使います。だから、私達はつねに「一般化」の誘惑《ゆうわく》にさらされているのです。

疲れていたり、人生が行き詰《づ》まっていたり、悲しいことが続くと、「考えるのは嫌！とにかく秒単位で物事を決めたい！」と「一般化」のささやきが響くのです。

ちなみに言っておくと、「あなたは冷たい」も「一般化」です。「あなたは〜しなかったから冷たい」は個別の事情を語っています。仕事を手伝ってくれなかったから、誕生日を忘れたから、感謝の言葉がないから、そういう具体的な事情を語ることが大切なのです。

だって、ただ「冷たい」と言われたら、どうしたらいいか分からないでしょう。「冷たい」と一般化されたら、あたふたするだけです。でも、「あなたは感謝の言葉がないから冷たい」と言われたら、「これからは、ちゃんとありがとうと言おう」という、やるべきことが分かるのです。

繰り返し書いておきますね。「あなたは冷たい」と「一般化」することの利点は話が早いこと。マイナスは、相手と対話できなくなること。

「一般化」の誘惑に負けそうになった時は、まずは「多いか少ないか」と考えます。「日本人は内気《うちき》だ」と言われた時に「日本人には内気な人が多い。特に英語を話す時は」と返します。これなら「日本人は内気だ」という「断定」ではなくなります。「内気な人が多い」という「判断」です。「判断」は例外もあるし、間違うこともあります。「断定」と違って強制的な圧力がないので、会話が始まるきっかけにもなります。

ちなみにのちなみに、海外で「日本人は〜」と言われた時、僕はあんまり相手が偉《えら》そうな時は、「Generalization is dangerous」と返します。「一般化は危険です」という意味です。覚えておくと便利な英文ですよ。

さて、モウマンタイさん。あなたはとても聡明《そうめい》な人だと思います。学生時代、クラスメイトに「どのあたりが面倒と感じるのか？」と質問したのは、「一般化」の危険を（意識的か無意識的か）知っていたのだと思います。

そういう人は、ちゃんと対話ができる人です。ちゃんと対話ができる人は、周りと前向きな関係を築ける人です。

これが、「多様性」というしんどいことをちゃんとやっている人に対するご褒美《ほうび》です。その時はしんどいけれど、未来は広がるのです。

「一般化」して、秒単位で人間を断定していく人は、そこでエネルギーを使わない分、それから先、対話のない世界で生きていくためにエネルギーを使うことになるだろうと僕は思っています。今は楽《らく》でも、未来がしんどいのです。

友人に「日本人は嘘つきだ」と言った人は、もし、反省して「もう一回ビジネスチャンスを」と思っても、苦労するでしょう。嘘つきと言い放った時の爽快感の後に、苦労が待っているのです。

モウマンタイさん。これからも、モウマンタイさんの感じた「切ない気持ち」を大切にして、素敵な対話を続けて下さい。

その時はしんどくても、やがて、前向きな関係が待っていると思います。

相談11

専業主婦に戻りたいというのは
そんなにワガママな事なのでしょうか？

52歳・女性　ゆみゆう

いつも楽しく拝見しております。実はパート事務員をしているのですが、仕事がとても嫌《いや》です。結婚前はＯＬをして、仕事がとても楽しくて、今もその時の同僚と会ったりするほど、いい思い出でした。でも子育ても一段落《いちだんらく》し、友人に紹介してもらった高校事務でのパートの仕事がとても辛《つら》いです。条件がとてもよく、人間関係もそこそこです。ずっと専業主婦で23年ぶりに復帰、パソコン入力、電話対応、その他事務処理を再びしていますが、以前とは違う気持ちで、一切爽快感《そうかいかん》がありません。

でもお金を貰《もら》っているので、失敗出来ない、必死でしないと思ったら、2年前に胃潰瘍《いかいよう》になりました。それでも失敗するので、自己嫌悪《けんお》に陥《おちい》って寝られない時もあります。友達の紹介の手前と、子供の教育費等辞《や》めたくても辞められず今に至《いた》っていま

す。主人に訴《うった》えても、根性がない、辞めるなら俺《おれ》も辞めたい、その代わり趣味の茶道もやめてしまえと、毎日のように言われて苦痛です。専業主婦に戻りたいというのはそんなにワガママな事なのでしょうか？

……………

ゆみゆうさん。胃潰瘍になってしまいましたか。大変ですね。相談の文章からも、ゆみゆうさんが混乱している雰囲気《ふんいき》が感じられます。

問題を整理しますね。

まず、「専業主婦に戻りたいというのはそんなにワガママ」かどうかですね。

「ワガママ」というのは、「自分のことしか考えてない」ということですよね。「専業主婦」に戻ることは、ゆみゆうさんとしては、「自分のことしか考えてない」ことになりますか？

僕にはそうは思えないですね。専業主婦に戻ったとしたら、ゆみゆうさんは夫と子供のために家事一般をするわけですね。これは、立派な労働ですね。

一時期、「家事労働を賃金に換算したらいくらになるか」という議論がさかんに行われました。考え方はいくつかあって、「家事をしている間に仕事に出ていたらどれぐらいの収入になるか」とか「家事代行《だいこう》サービスだと考えたら料金はいくらか」「それぞれの仕事を専門職に頼んだらいくらになるか」など、実証的なアプローチもされました。

子供が幼《おさな》いかどうか、何人いるのかどうかなど、家庭の事情で家事労働の賃金はかなり幅が出るのですが、それでも、月に20万円から30万円ぐらいの金額ではないかと判断する例が多く見られました（もちろん、もっと多い金額や少ない金額を言う人もいます。ネットでググれば、さまざまな考え方と出合うと思いますから、ゆみゆうさんが納得《なっとく》できる考え方を見つけられたらと思います）。

どんな考え方、計算の仕方であれ、専業主婦は無償《むしょう》の労働ではなく、家事労働としてちゃんと考えられるものだということははっきりしています。

ですから、「専業主婦に戻る」ことが「ワガママ」だというのは、夫と子供のためには一切の家事労働をしないという前提でない限り、当たらないと僕は考えます。

で、次の問題ですね。

専業主婦に戻ることがワガママでなくても、そうできない理由を、ゆみゆうさんは「友達の紹介の手前と、子供の教育費等」と書いていますね。

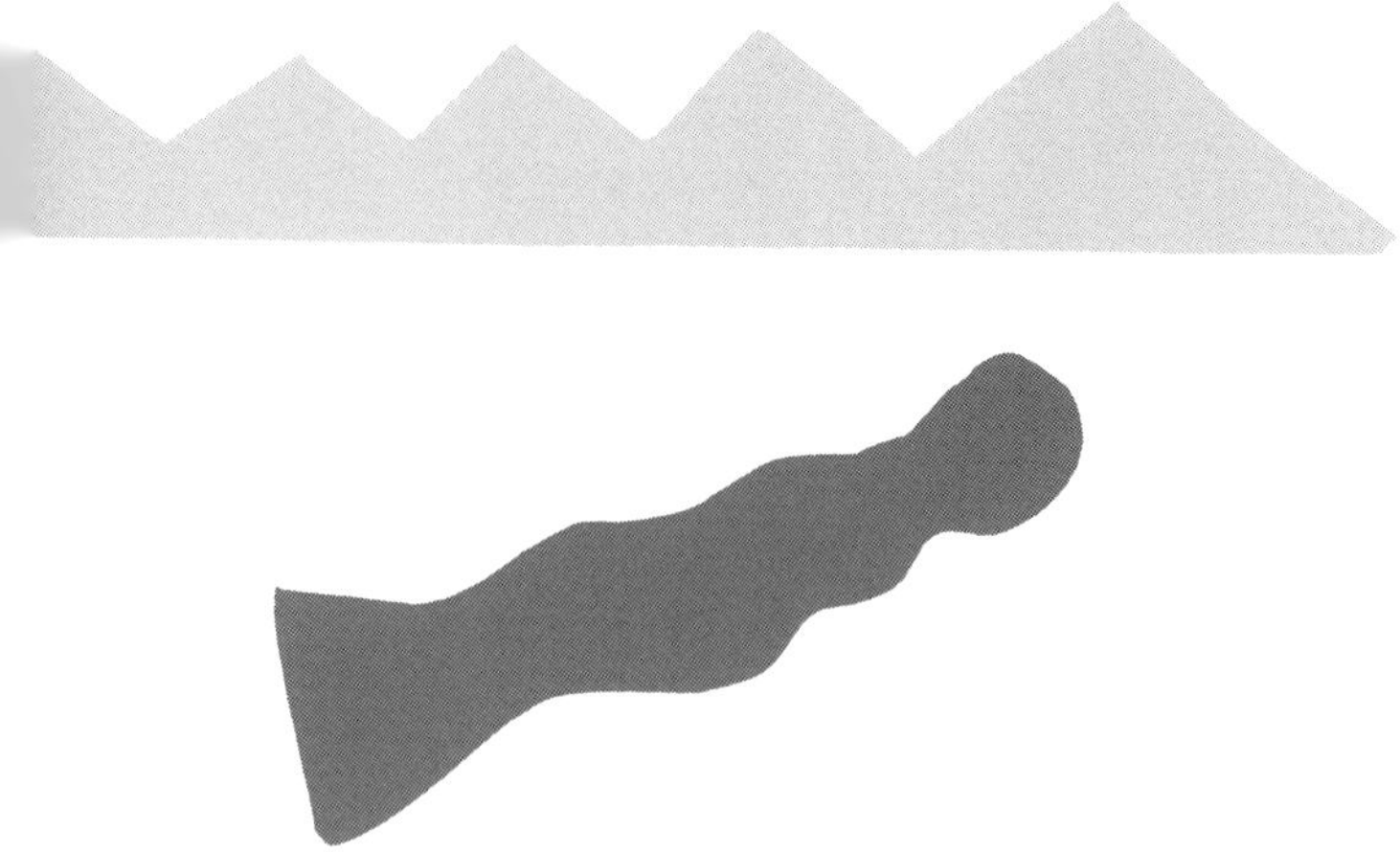

二つならべて書いていますが、これはまったく別の話ですね。「友達の紹介」は、最終的に友達に頭を下げればすむ話だと僕は思います。それで「私の紹介した仕事を辞めるなんて、私の顔に泥《どろ》を塗《ぬ》るのね！　あなたとはもう絶交！」と怒る友達なら、そんな友人関係はやめた方がいいと思います。そんな友人より、胃潰瘍に苦しんだ身体を優先すべきです。

　が、「子供の教育費」は、別です。ゆみゆうさんが働かなければ、子供の教育費が足らなくなり、充分なチャンスを子供に与えられなくなるのなら、ゆみゆうさんも夫もつらいんじゃないですか？

　ゆみゆうさん。どうですか？　ゆみゆうさんのパートで稼《かせ》ぐお金がなくなったとしたら、子供の教育にどれぐらい影響しますか？　塾のお金とか参考書とか資格試験などの受験料、将来の学費など、ゆみゆうさんの稼ぐお金が必要ですか？　それとも、たいした影響はありませんか？　現在、および未来にどれくらい影響があるか、夫と話しましたか？

「根性がない、辞めるなら俺も辞めたい」と、夫が怒るのは、「専業主婦は楽《らく》」というイメージに振り回されて、ただ感情的になっているだけですか？　それとも、具体的に子供の教育に影響が出るのを分かっていて、「専業主婦に戻りたい」と言っているゆみゆうさんを許せないから怒っているのですか？

もし、夫の給料だけで子供の教育費もなんとかなるのなら、専業主婦は賃金に換算できる正当な家事労働で、決してワガママなんかじゃないと、頑張って夫を説得するのがいいと思います。ネットに例がありますが、こまかく時間を出して（炊事《すいじ》に何分、掃除《そうじ》に何分、買い物に何分等）感情的ではなく、具体的に実証的に粘《ねば》り強く夫に語るのです。

けれど、冷静に話し合って、子供の充分な教育費のためには、どうしてもパートの給料が必要だという結論に達したとしたら、僕のアドバイスは以下のようなものです。

「今の仕事を続けながら、なるべく早く、別の仕事を見つける」です。

条件は「今の職場よりはストレスがない仕事」「今の職場よりは楽しくできる仕事」です。

給料の条件は下がるかもしれませんが、それも夫と話し合って、「最低限、教育費のためにどれぐらい稼げばいいか」が判断基準になると思います。

このまま、嫌な職場で仕事を続けていたら、また身体を壊す可能性が高いと思います。そうなったら、どんなに今のパートの給料がよくても、結果的にはマイナスになってしまうでしょう。

今、ゆみゆうさんは、とにかく仕事が嫌で、家庭に戻りたいという気持ちが強烈なので、冷静に考えられないのではないかと心配します。

本当は、専業主婦に戻るにしろ、あらたな職場を探すにしろ、「これからの生きがいは何か？」ということを考えることが大切だと僕は思っています。

「子育ても一段落」した今、子供の教育費を稼ぐという当面の目標を実行しながら（またはそんなことをする必要がない場合でも）、ゆみゆうさんの次の人生の目標を考えるといいいんじゃないかと感じます。

「子育て」という生きがいの次ですね。教育費のために働かなければいけない場合は、次の仕事が生きがいになったら、こんなに素敵《すてき》なことはないと思います（小さなことでも人に頼られたり、自分じゃなきゃできないことがあったり、感謝されたりすると、それは生きがいになりますからね）。

専業主婦に戻った場合は、「子育て」の次に、なんらかの生きがいを見つけるといいと思います。

ゆみゆうさん。そんな考え方で、まずは夫と話してみませんか？

相談12

30歳で死のうと思ってます

27歳・男性　グナシ

30歳で死のうと思ってます。

僕は今27歳でスーパーの精肉《せいにく》部門で働いています。ちなみに平社員です。理由はこれといった夢もなければ、気力もないからです。そもそも何かを頑張れたこともありませんし、別に会社での昇進も望みません。今になって何かに頑張れる気がしないですし、自信を持とうとも思えなくなりました。本や漫画、アニメやテレビを見る気力だってありません。

30歳という年にしたのは漫画『ワンピース』の最終回が終わるのが30歳頃という噂《うわさ》を聞いたからです。最終回さえ読めればそれでいいと思います。本当にそれだけです。

人生は長生きだけじゃないと思っているのですが、この考え方はおかしいでしょう

か？
ご返答お待ちしております。

グナシさん。そうですか。30歳で死のうと思っていますか。「本や漫画、アニメやテレビを見る気力だってありません」という状態なんですね。

でも、『ワンピース』は好きなんですね。最終回までは生きていようと思うんですね。

グナシさんの文章を読んで、太宰治《だざいおさむ》の言葉を思い出しました。

「死のうと思っていた。ことしの正月、よそから着物を一反《いったん》もらった。お年玉としてである。着物の布地は麻《あさ》であった。鼠色《ねずみいろ》のこまかい縞目《しまめ》が織りこめられていた。これは夏に着る着物であろう。夏まで生きていようと思った」

有名な文章ですが、この感覚はなんとなく分かります。

僕はグナシさんの文章を読んで、グナシさんはとても真面目《まじめ》な人だと感じました。

おかしいですか？

だって、本や漫画、アニメやテレビを見る気力はないのに、『ほがらか人生相談』

には、メールを送ってくれたんですもんね。

それは、自分の人生をちゃんと考えたからじゃないですか。

もし、グナシさんがただの「無気力」な人とか、いい加減な人なら、自分の人生がこれでいいかどうか、考えることも相談することもないと思います。

グナシさんは、「そもそも何かを頑張れたこともありませんし」と書かれていますが、ちゃんと毎日、精肉部門で働かれているんですよね。

「頑張れる気がしないですし、自信を持とうとも思えなくなりました」ということは、「頑張ろう」「自信を持とう」と以前は思っていたということですね。「頑張ること」「自信を持つこと」がとても大切なことだと考えていたんですね。

人生とは「頑張るもの」で「自信を持つもの」だと言われたんでしょうか。「昇進を目指すことが当然」と言われたのでしょうか。でも、自分は違うと思ったんですかね。

いえ、死ぬことをとめようとしているんじゃないですよ。

僕も「人生は長生きだけじゃないと思っている」ので、30歳で死ぬと決めることは、少しもおかしい考えだとは思いません。

それで質問なんですが、「夢もなければ、気力もない」状態で、グナシさんはどんな毎日を過ごしているんですか？

生きるために必要なことは「夢」でも「気力」でもなく、「退屈《たいくつ》しないこと」だと僕は思っています。

頑張らなくても、自信がなくても生きてはいけるのですが、退屈したまま生きていくのは、とてもつらいと僕は感じています。

人生の最大の敵は、無気力でも夢がないことでもなく、退屈することだと僕は思っているのです。

「人生はしょせん、暇《ひま》つぶし」という言い方があります。

僕はこの言葉を聞くたびに「うむ。どうやって暇つぶしをするのか、それが問題なんだ」とつぶやきます。

だって人間はすぐに飽《あ》きるでしょう。すぐにパターンを読んで、展開を予測して、飽きてくるでしょう。

もし、一生、退屈を感じない人生を送れたら、それはものすごく素晴《すば》らしい人生だったと僕は考えます。

「人生は終わりなき挑戦」とか「人生は創造の連続」なんて言葉もありますが、これはつまり「退屈したくないんだ」ということだと僕は思っています。

人類は退屈とずっと戦ってきて、それが政治になったり芸能になったり仕事になったり芸術になったり趣味になったりしたんじゃないでしょうか。

お酒とかネットとかギャンブルとか、何かに過剰《かじょう》に依存する人は、分かりやすい形で「人生の退屈」から逃げているのだと思います。

グナシさん。グナシさんは、毎日、何をして過ごしているんですか？　毎日、退屈していませんか？

本や漫画、アニメやテレビを見ないで、どうやって仕事が終わった後の時間や休日を埋《う》めているんですか？

文面からまったく分かりませんが、僕はそれが一番知りたいことです。

仕事が終わって家に帰って、何もしないまま数時間過ごし、そして寝るという生活ですか？　そんな毎日が可能なのですか？

「暇つぶし」は、「夢」とか「気力」とか「生産性」とか「創造性」とか、ポジティブなこととまったく関係なくていいのです。

『大東京ビンボー生活マニュアル』（前川《まえかわ》つかさ）という漫画がありました。僕の大好きな作品なんですが、主人公のコースケは、毎日、何もしません。生活費がなくなるとバイトをしますが、それ以外は本当に何もしません。でも、退屈はしないのです。ある連載の回では、寝っころがって、天井を見上げて、天井の木目《もくめ》の模様を見ながら「あ、これは宇宙船に見える」とか「犬に見える」なんて探して楽しんで一日が終わるのです。

別の回では、うとうとと寝ていて、聞こえてくる街の音を楽しみます。子供が遊んでいる声、誰かの歌声、誰かの足音。それを聞きながら、一日が終わるのです。

何もしないことがじつに豊かに描写された漫画でした。コースケは、いまのグナシさんと同じぐらいの年齢の設定です。頑張るとか気力とか昇進とか夢とかとは、まったく無縁《むえん》の状態で生きていて、じつに充実しているのです。

僕はコロナ禍《か》で苦しむこの1年ちょっと、毎晩、寝る前にエピソードの一回分を読んで寝ています。なんだか、とても落ち着くのです。

さて、グナシさん。

27歳のグナシさんにとって、30歳まであと3年あります。グナシさんがどんなに退屈しても平気な人でない限り、３年間、退屈したまま生きるのはとてもしんどいんじゃないかと思います。

どうですか？　グナシさんはもう退屈しない何かを持っているのですか？　それとも、ただ毎日、ネットをボーッと見ることで暇つぶしできているのですか？　それとも、『ワンピース』を一巻から順番に毎日読んでいるのですか？

もし、退屈に苦しんでいるのなら、夢とか気力とか向上心とはまったく関係のない、何かに興味を持ってみるのはどうですか？

とにかく30歳までの３年間、退屈しないで生きられたら、それは素敵《すてき》な人生だと思うのです。

その時にあらためてどうするか考えればいいと思います。

相談13

結婚を決めた彼女から「名字《みょうじ》を変えたくない」と告げられました

33歳・男性　スタベッキ

34歳になる会社員男性です。職場の3歳下の後輩との結婚についてご相談です。もともとずっと同じ職場で働いていたのですが、間《ま》の悪いことに私の東京転勤を機《き》に付き合うことになり、4年の遠距離恋愛を経《へ》て昨年春、初任地に戻ってきました。破局したとき尾を引かないようにと今でもまだ関係は周囲に伏《ふ》せています。ようやく昨秋に結婚の合意はしたのですが、そこで「名字を変えたくない」と告げられました。煩雑《はんざつ》さやアイデンティティがその理由といいます。

正直なところ全く想定していなかったので動揺《どうよう》しましたが、話し合ったりいろいろ調べたりして悩んだ末に、あちらも変えたくないしこちらも変えたくないのなら、結局は事実婚《じじつこん》という選択をするしかない、と考えて大まかな合意に至《いた》りました。正式な

顔合わせはまだですが各々《おのおの》両親に方向性を伝えてもいます。「基本、二人の好きにすればいい」と共に言ってくれてはいますが、長男である私の両親からは若干《じゃっかん》の寂《さび》しさが言外《げんがい》に感じられ、一人娘の彼女の両親からは「あなたが折れたら？」という意図を感じたといいます。

問題は、互いにいい歳《とし》でもあり、一緒《いっしょ》になるなら子供ができたときのことも考えなければいけないという点です。私は当初「子供ができたら婚姻届《こんいんとどけ》を出す、どちらの姓《せい》かは神社でくじを引いて決める、二分の一で恨《うら》みっこなしだ」という覚悟でいたのですが、彼女は乗り気ではないようです。

事実婚の子は非嫡《ひちゃく》出子《しゅっし》として親権《しんけん》が片方だけになるなどの不利益があります。「親と名字が違うと子供がいじめられるからかわいそう」という意見には与《くみ》しませんが、「子供は親の姓が違うことなんて全く気にしない」と信じるにはためらいがあります。「互いが名字を変えたくない」という親の都合による不利益を将来生まれてくる子に背負《せお》わせていいものか、と二人でずるずる話が長引いています。その場合も私と彼女のどちらの姓にするかで結論が出ていません。

子供が生まれると決まったわけではもちろんありませんが、その時ではなく今決めてておく必要はあると考えています。

5年半もの付き合いで喧嘩《けんか》もほとんどなかったとはいえ、掃除《そうじ》も料理もあまりせず、ひいきのプロ野球球団が勝っておいしい外食ができれば満足で、乱雑《らんざつ》で汚い部屋の中で一日の大半を眠って過ごす能天気《のうてんき》な彼女と生きていくことに不安はかなりありますが、遠距離恋愛中も結局別れを選ぶには至りませんでした。俺、柔弱《にゅうじゃく》なだけかも、と思う夜もあります。

選択的夫婦別姓《べっせい》制度ができていればすんなりとその道を選んでいたことでしょうが、6月（2021年）の最高裁判決からしてもそう簡単にはいかないと落胆《らくたん》しています。指輪もいらん、式も身内だけで食事会やって終わりでいい、そんなドライな夫婦のまま共に同じ職場で働いていくことになりそうですが、結婚と姓、そして家族について、私はどう向き合っていくべきなのでしょうか。

スタベッキさん。困っていますね。ずっと「選択的夫婦別姓」が実現していないことへの憤《いきどお》りだと思って読んでいたら、突然、「乱雑で汚い部屋の中で一日の大半を眠って過ごす能天気な彼女」なんて文章が出てきますもんね。迷って、

揺《ゆ》れて、思わず書いたんでしょうか。

「俺、柔弱なだけかも、と思う夜もあります」と書かれていますが、そんなことはないと思いますよ。

スタベッキさんは、彼女の「名字を変えたくない」という思いをちゃんと受け止めているじゃないですか。たくさん話し合っていろいろ調べていっぱい悩むのは、人間関係を作り上げる最も大切なことだと思います。

それで、「事実婚という選択をするしかない、と考えて大まかな合意」というのも、僕は二人が納得《なっとく》したことなら、素敵《すてき》なことだと思います。それぞれの両親が「基本、二人の好きにすればいい」と言ってくれているのも、素晴《すば》らしいと思います。どんなに内心、淋《さび》しいと思っても、「あなたが折れたら」と思っても、それを口に出すかどうかはまったく違います。お二人の両親は「結婚は二人のことだから、二人が決めればいい」と言ってくれているのです。

僕は、「選択的夫婦別姓」がこの国で実現しないことが、不思議でしょうがないのです。

2015年の閣議《かくぎ》決定では、日本の現状に関する質問に対して「現在把握している限りにおいては、お尋《たず》ねの『法律で夫婦の姓を同姓《どうせい》とするように義務付けている国』は、我が国のほかには承知していない」と答えています。

先進国の中だけではなく、日本は世界で唯一《ゆいいつ》の法律による「強制的夫婦同姓」の国なのです。

欧米でも、昔は夫の姓に変えることが一般的でした。

1979年に採択《さいたく》された国連の「女性差別撤廃《てっぱい》条約」が変化のきっかけになりました。世界的に「女性が結婚したら男性の姓に合わせなければならないのは、おかしい」と思われるようになったのです。

それほど昔のことではないですよね。でも、ここから世界は変わり始めました。

同姓を法律で義務付けていたドイツでは、連邦憲法裁判所が91年「違憲《いけん》」と判断し、93年に別姓を認める法改正がなされました。オーストリア、スイスも変わりました。

アジアでは、タイが2005年「選択的夫婦別姓」に、トルコは02年、妻について夫と妻の姓をつなげる「結合姓」を認めました。

アメリカやイギリス、フランスなどは、法的には結婚後の姓に関して決まりがないので、最近は夫婦別姓を選ぶ人が増えました。また、これらの国々の植民地だったアジア・アフリカの国々は、宗主国《そうしゅこく》の夫婦別姓をそのまま取り入れた国が多かったようです。

国連の女性差別撤廃委員会は、03年と09年、日本の民法の夫婦同姓規定について「差別的だ」と批判し、選択的夫婦別姓制度の導入を求めました。

というような世界のことを話しても、夫婦同姓にこだわる人は、「世界は関係ない、これは日本の伝統なんだ」と言ったりします。その発言を聞くたびに、いつからの伝統と考えているのだろうと僕は思います。

断言しますが、江戸時代までは、そんな伝統はありません。一部の武士の例を出して、「日本は昔からそうだった」と言っている人をネットで見ましたが、それはたった一頭の白いトラを見つけて、「すべてのトラは白い！」と言うことと同じです。

そもそも、一般庶民は名字を許されたり勝手に名乗ったりした人もいましたが、名前だけの人も多く、武士は結婚しても、妻は実家の姓を名乗るのが一般的でした。こんなことは、少し調べればすぐに分かることです。数頭の白いトラを見つけたからと言って、すべてのトラの色を変えることはできないのです。

多くの国民が姓を持つことが認められた１８７０（明治３）年でも、政府は妻には結婚後も実家の姓を名乗るように指示しています。そして、1898（明治31）年に施行された明治民法が「家族は同じ家の姓を名乗る」と規定したのです。

ですから、1898年からの伝統だというのなら、分かります。でも、僕の考えだと、それは「伝統」ではなく、120年ほど昔の「社会制度」です。

また、「夫婦別姓を認めると家庭が崩壊する」と語る人もいます。海外でももちろん、同姓を選んだ夫婦はいます。別姓にしたら崩壊すると言う以上、「夫婦別姓の夫婦の離婚率と、同姓を選択した夫婦の離婚率」のデータがないと断定できません。でも、そんな調査は見たことがありません。

だいいち、日本では結婚したカップルが離婚する割合は、2019年のデータだと34・8%です。三組に一組が離婚しています。これは世界の統計の中だと、特別上位でもなく、極端な下位でもありません（統計を取る国の数で動くので、正確に何位とは言えないので）。

夫婦別姓だと家庭が崩壊する、一体感が持てないというのなら、世界で唯一の強制的夫婦同姓のわが国の離婚率は極端に低いはずです。でも、そうではありません。強制的夫婦同姓を主張する人は疑問に思わないんでしょうか。

どちらかに決めるんだから強制じゃない、選択しているという、食事中だったらごはん粒を噴《ふ》き出しそうな意見をネットで堂々と言っている人もいます。夫の姓を選ぶ割合は、2015年のデータで96%です。これで夫婦の自由な選択だとは言えません。子供の名字が親と違うのは可哀相《かわいそう》というのは、本末転倒《ほんまつてんとう》の話でしょう。現状、強制的夫婦同姓だから、親と子供の名字が違うことが、一般的じゃないというだけです。「選択的夫婦別姓」になれば、それは当り前になります。

というか、そもそも、「選択的」なわけです。

別姓になったら家庭が崩壊すると本当に信じている人は、話し合って同姓にすればいいし、スタベッキさんの彼女のようにそれは嫌《いや》だという人は別姓にすればいいだけです。つまりは、大きなお世話です。夫婦がどんな名字を選ぶかは、当人同士の問題なんだからほっといてちょうだい、というだけのことです。

と書きながら、この原稿にも烈火《れっか》のごとく怒る人がいます。それはもう、宗教的情熱だと思います。「夫婦同姓は誰がなんと言おうと、事実がどうであろうと、日本文化の根本《こんぽん》。変えてはいけない」という宗教的信念です。自分の信仰しか認めない態度からは、何も生まれないと思います。

スタベッキさん。僕も、2021年6月の最高裁判決には失望しました。

民法の「夫婦同姓」を違憲としたのは、15人の裁判官のうち4人、宮崎裕子《みやざきゆうこ》裁判官、宇賀克也《うがかつや》裁判官、草野《くさの》耕一《こういち》裁判官、三浦守《みうらまもる》裁判官でした。

もうすぐ（21年10月）、衆議院選挙と共に、「最高裁判所裁判官国民審査」の投票も行われます。今回は11名の裁判官が国民審査を受けます。宮崎裁判官は残念ながら定年退官されたようですが、あとの3名の裁判官の名前はしっかりと覚えておこうと僕は思っています。

ただし、合憲《ごうけん》だとした多数意見も、「制度の在《あ》り方は、（中略）国会で論ぜられ、判断されるべき事柄にほかならないというべきである」としています。

つまりは、国会に丸投げしているのです。最高裁判所が高度に政治的な案件に対して、よくやる方法です。

国会ということは、つまりは、国民ということです。

国連の勧告《かんこく》に対して日本政府は「法改正は国民の理解を得て行う必要がある」と弁《べん》明《めい》しました。

やっぱり、国民ということです。

さて、スタベッキさん。「夫婦同姓」の問題をいろいろと調べたスタベッキさんにとっては、すでに知っている情報を長々と並べたと思います。

いろいろ書いたのは、「選択的夫婦別姓」問題は、宗教的信念のある政治家が決めるのではなく、私達国民が決められる問題だということを伝えたかったからです。そして、「強制的夫婦同姓」の問題点を多くの人に知ってもらうことが重要なことだと思っているからです。それが、スタベッキさんの問題を根本的に解決することにつながるだろうと思っているのです。

日本で「選択的夫婦別姓」が実現しないのは、ほんの一部の宗教的信念の人をのぞけば、多くの人が「自分には関係のない話」だと思っているからだと僕は考えています。

関係ないと思った場合は、私達日本人は「波風《なみかぜ》が立たない結論」を選びがちです。僕が繰《く》り返して書く「世間《せけん》」の「所与性《しょよせい》」です。変わることを嫌い、同じことを続けていくことが一番重要だと思ってしまう感覚です。

でも、将来にわたって、本当に「強制的夫婦同姓」が自分に関係ないかどうかは誰にも分かりません。自分が男でも、スタベッキさんのような場合もあるし、すでに夫婦同姓を選択していても、自分の子供や孫がぶつかるかもしれないし、結婚してなくても子供がいなくても、友人や親戚の子供が直面するかもしれません。

そのために、今、どうしたらいいかと考えるのは、人間の大切な能力、想像力です。

スタベッキさん。「親の都合による不利益を将来生まれてくる子に背負わせていいものか」と書かれていますが、（この気持ちはよく分かりますが）子供が生まれる前に、まずは、夫婦関係が大切です。生まれてくる子供のために、二人の関係がギクシャクしたら、それこそ本末転倒です。

「結婚と姓、そして家族について、私はどう向き合っていくべき」とも書かれていますが、スタベッキさんは、今、ちゃんと向き合っていると思います。

僕のアドバイスは、「二人が納得しているのなら、とりあえず事実婚で始めてみる」というものです。

子供ができた時のために、「今決めておく必要はあると考えていますが、今、これだという決定的な案が浮かぶとはあまり思えません。

世の中には、いろんな形で「強制的夫婦同姓」を拒否しているカップルがいます。いろんな形を知ることはスタベッキさん夫婦にとって役に立つと思いますし、いろいろと二人の考えが変わっていくかもしれません。なにより、時代が変わるかもしれません。未来なんて誰にも分からないんですから。

スタベッキさんと同じ問題を抱《かか》えて、うんうんと試行錯誤《しこうさくご》しているカップルは多いと思います。納得できないまま、夫の姓にした女性も多いと思います。内心、名字を変えた妻に対して申し訳ないと思っている男性も少なくないと思います。

スタベッキさんとパートナーは、今、時代と格闘《かくとう》しているのです。

その戦いを、僕は応援します。

相談14

2回目のワクチン接種が終わった両親の態度が急に変わり、家に来いといわれ戸惑《とまど》っています

42歳・女性　かんな

鴻上さん、初めまして。

3人の子供を育てる40代主婦です。コロナ下で私の実親との関係に悩んでおり、アドバイスを頂けるとありがたいです。

私は都内在住で、実家は関東近郊にあります。ですが、コロナが流行《はや》り始めてからは、絶対東京から来るなと言われて1度も会っていませんでした。最近両親が2回目のワクチン接種が終わり、態度が変わり、急に来いといわれ戸惑っています。

普通は会いたいと思うものなのでしょうが、そう思えないのも悩みです。

大学までお金も出してくれた両親には感謝しています。でもいつも満たされない気持ちで過ごし、もし災害が起こったら親は私を置いて自分達だけ逃げるだろうなと感

じながら生きてきました。

例《たと》えば、高校時代に私が子宮内膜症《しきゅうないまくしょう》を患《わずら》い、婦人科へ連れて行ってほしいと頼んでも、「ご近所に妊娠したと勘違《かんちが》いされたら恥《はじ》だ」と拒否されたり、実家を建て替えた際には「この家も土地もあなたの弟のもの。女のあなたにあげるものはない」と言われたりもしました。

自分が親となった今では、親の理屈《りくつ》も頭では理解できるのですが、納得《なっとく》できないままです。

話がそれてしまいましたが、私の子供達は小中学生と未就学児です。ワクチンは打っていません。実家に帰るには電車を乗り継《つ》ぎ長時間かける必要があります。感染が心配で登校や登園にも気を使っているのに、自分達がワクチンを打ったのだから来るのが当たり前、という態度にどうしてもモヤッとしてしまいます。また、万《まん》が一《いち》こちらが感染してしまったら罵倒《ばとう》されあからさまに嫌《いや》がられると想像するだけで気持ちが落ち込みます。

一方で、孫を見せに行かないのは親不孝ではないかという罪悪感もあります。親とはどう接すればいいのでしょうか。

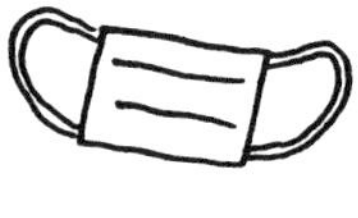

かんなさん。ワクチンによって親の態度が変わった相談だと思って読み始めましたが、違いますね。これは「毒親《どくおや》」の相談ですね。

　子宮内膜症になったのに、「ご近所に妊娠したと勘違いされたら恥だ」と言って、婦人科に連れていってくれなかった、なんていうのは、かんなさんより「世間」をはっきりと重要に思っているということですね。かんなさんの命より、世間体《せけんてい》を重んじる親は、毒親です。

「この家も土地もあなたの弟のもの。女のあなたにあげるものはない」という言葉も、かんなさんを人間扱いしてないということですね。

　それなのに、かんなさんは「自分が親となった今では、親の理屈も頭では理解できるのですが、納得できないままです」と書かれるんですね。かんなさんは優しいですね。でも、はっきり言いますが、納得どころか、理解してもいけないと思います。

　かんなさんは、子供が子宮内膜症になっても、世間の目を恥《は》じて病院に連れていきませんか？　そんなことはないでしょう。親にされたからこそ、子供の気持ちが分かるから、間違いなく病院に連れていくでしょう。連れていかない親なんか理解できないでしょう。

「普通は会いたいと思うものなのでしょうが、そう思えないのも悩みです」という「普通」とはなんでしょうか？

それは毒親ではない、普通の親の場合です。世間体よりも、子供の命を大切だと考える親が普通の親です。

普通ではないのですから、「会いたい」と思わないのは、当り前です。

毎月、たくさんの相談が寄せられます。その中に、一定数「毒親」に関するものがあります。答えても答えても、毒親に関する相談はなくなりません。

今月も、「医者になりたくないのになれと親に言われて医学部に入ったけど混乱していて、恋愛も禁止されて」いる状態で、「自分の親が毒親なのか分からない」という相談者の女性がいました。

その人は、僕が書いた『親の期待に応えなくていい』（小学館）という本をわざわざ読んでくれたのに、分からないと書きます。

子供を独立した人格として考えないで、善意《ぜんい》だろうが、世間体だろうが、親の考える正義だろうが、信仰する宗教だろうが、一定の価値観を強制的に暴力的に押しつけるのは、毒親です。

「結婚は当人同士が納得していても、親の私が納得していなければ許さない」とか「世間に対して恥ずかしくない学歴、仕事、交際相手でなければ認めない」と親から言われている、なんていう相談がいくらでも来ます。「二十歳を過ぎても、あなたは独立した個人ではない。私がコントロールする未熟な存在」と子供のことを決めつけている親は、子供がいくつになっても、毒親です。

ですから、かんなさん。「孫を見せに行かないのは親不孝ではないかという罪悪感」なんか持つ必要はないのです。

毒親に対する子供の態度ははっきりしています。ゆっくりと、またはきっぱりと距離を取ること。毒親が追いかけてくる時は、関係を完全に切ること。それだけです。

毒親に限って「誰に育ててもらったと思っているのか」「お金は誰が出したと思っているの」「親の恩《おん》を忘れるの？」と言います。親が子供を育てるのは義務です。感謝を強制する親は、親ではありません。感謝は、子供が自然に感じるものです。育ててもらったから、親の老後の面倒《めんどう》を子供はみる、という義務もありません。

だいいち、子供は自分の希望で生まれてきたのではありません。親が子供の希望なんか関係なく、この世に送り出したのです。それなのに、「誰に育ててもらったと思っているのか」と問い詰《つ》めるのはおかしいでしょう。

かんなさん。コロナ禍《か》に関係なく、ゆっくりと実家と距離を取ることをお勧《すす》めします。

文句を言われたら、「実家は家も土地も弟のものなんでしょう？　女の私に関係するものは何もないんですよね。そんな所に行く理由はなんですか？」と言うのはどうですか？

あ、でも、毒親は自分の主張しかしませんから、効果はあまりないかもしれません。毒親は人の話を聞きませんからね。相手の発言をちゃんと受け止める親は毒親にならないのです。

毒親は人の話を聞かないからこそ、子供にとっては怖い、強力な存在になるのです。コミュニケイションができない相手は、そもそも不気味《ぶきみ》で無敵ですからね。

42歳のかんなさんでも、自分の親にきっぱりというのは怖いと思います。

コロナ禍は、嫌《いや》なことしかないですが、かんなさんが毒親から距離を取る理由に使いませんか？

「子供の感染が怖い」「とても実家には行けない」「感染は絶対に避《さ》けたい」と言い続けるのです。毒親がなぜ実家に来ないと怒っても「子供を守りたい」「公共交通機関は使いたくない」「遠出はしたくない」「感染が怖い」とコロナを楯《たて》に断るのです。

もし、親が怒鳴《どな》ったり、怒ったりしたら、かんなさんも怒りましょう。「子供が感染したらどう責任を取ってくれるの？」「母さん（父さん）は子供が感染してもいいと思っているの？」。もちろん、演技でいいんです。

そうやって、少しずつ少しずつ、毒親と距離を広げていきませんか。

これが、昔のことわざ「禍《わざわい》転《てん》じて福となす」ということかなと思います。

コロナ禍はまだ続きますが、かんなさんのがんばりを心から応援します。

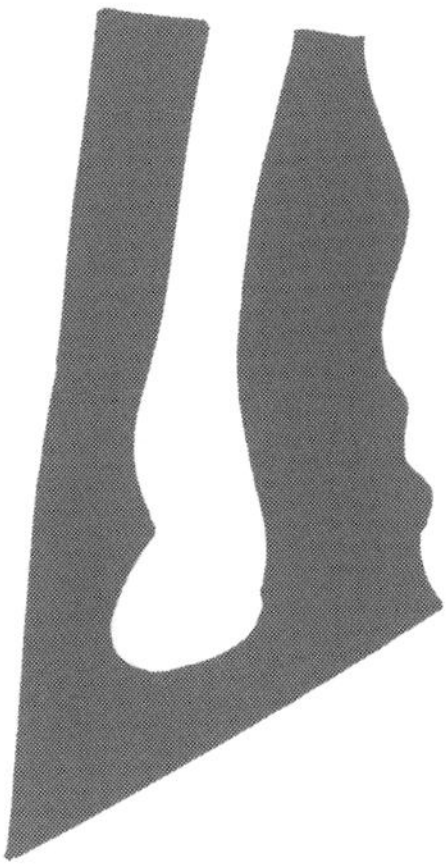

相談15

結婚して5年半になります。交際以来、一度も肉体関係がありません

36歳・女性　こに

鴻上さん、はじめまして。悩みに悩み、ご相談させて頂きます。私は、結婚して5年半になる女性です。25歳の頃、夫とお付き合いをはじめて、5年3ヶ月ほどで結婚に至《いた》りました。共働きですが、休日が重なることが多く、物理的にも常にすれ違いということはありません。また、夫婦仲は良く、お互いに仕事のグチをこぼしあったり、家事《かじ》を協力して行ったりと、どこにでもいる夫婦だろうと思います。

ただひとつのことを除いては……。実は、交際が始まってからこれまでずっと、一度も肉体関係がないのです。もっといえば、生まれてから一度も、夫に限らず、私はそういった体験がありません。私は、とにかく怖がり、痛がりで、一番の原因はそこだろうと思うのです。あとは、分からないというのも正直なところです。どうして自

分はこんななのだろう、情《なさ》けない、辛《つら》い、悲しい、申し訳ない、悔《くや》しい、どこかおかしいのではないか……そういった思いが常にあり、毎日苦しいです。

子どもが欲しいという気持ちも強く、年齢のこともあるので焦《あせ》りもかなりあり、夫と共に、少しずつそういったことにつながるようなスキンシップをとるようにしていますが、なぜ他の人が当たり前にできることが自分だけできないのかと辛いです。これまでに性的なことでトラウマになるような体験はありません（レイプや痴漢《ちかん》など）。

このことは、夫と信頼できる元同僚一人しか知らず、親や親戚は、そんなことは夢にも思っていないと思います。子どもができにくいのかなと思っていると思います。職場の上司にも子どもが欲しい旨《むね》は伝えており、気にせず休んだらいいんだからとあたたかい言葉を頂いています。まわりを騙《だま》しているようで心苦しいです。よく若いカップル（女性側）の話で、結婚までは性行為をしたくない、恐怖があるという話を聞きます。子どもが欲しくても、身体のことでできないという方がいらっしゃるのは、もちろん知っています。

しかし、結婚し、仲が悪いわけでもなく、トラウマがあるわけでもなく、物理的に時間がないわけでもなく……行為が何年も、1回も、できないという私は、異常だと

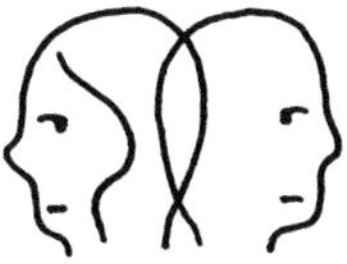

思います。どうにかできるようになりたい、子どもも欲しい、その気持ちは確かであり非常に強いものなのです。世の中に、私のような者は存在するのでしょうか。できずに一生を終えることもありうるのでしょうか……。夫は、自分がうまくリードできてない、毎晩スキンシップを重ねていくなかで前進していると自分は思っている、大好きだということは言ってくれています。

こにさん。大変な相談ですが、じつは、この文章だけではまだよく分かりません。「私は、とにかく怖がり、痛がりで」と書かれていますが、具体的にどういう風にできないのかが分かりません。「分からないというのも正直なところです」と書かれていますが、自分の精神状態が分からないのか、身体的な理由が分からないのか、何がどう分からないのかが重要だと思います。

先に言えば、肉体関係を持たなくても子供を作ることは可能です。ネットで調べれば、すぐにいろんな方法が出てきます。ですから、子供を作るために肉体関係を持たなければ、と焦ることはないと思います。

それよりは、「どうしてできないのか？」をゆっくりと探《さぐ》っていくことが大切だと思います。

こにさん。僕はカウンセリングを受けることをお勧《すす》めします。恥《は》ずかしいと思われるかもしれませんが、僕に相談しても、結局、一人で悶々《もんもん》としていては、解決の方法は見つからないと思います。

どのレベルで肉体関係が持てないのか、そもそも肉体関係に興味がないのか、肉体関係を持とうとするとどういう精神状態になるのか。身体的にはどんな拒否反応を見せるのか。

「LGBTQ+」の分類に、「アセクシュアル」があります。「恋愛感情の有無《うむ》に関わらず、他者への性的欲求を経験しない人」です。恋愛感情も性的欲求も感じない人もいれば、恋愛感情はあるけれど、性的欲求をまったく感じない人もいます。統計的には、一定数、アセクシュアルの人はいて、別に珍《めずら》しいことではないのです。

こにさんは、性的欲求はありますか？　それとも、「肉体関係は必要だ」と頭で思っているけれど、具体的な欲求はあまり感じませんか？　「夫婦は肉体関係があるもの。ないことはとてもおかしい」と頭から決めつけて、自分の欲求とか感覚を無視していますか？　それとも、はっきりとした性的欲求はありますか？　大切な質問ですが、マスターベーションはしますか？　したことはありませんか？

ね、尋《たず》ねたいことは山ほどあるのです。ですから、この相談の文章だけだと何も分からないのです。

　こにさんのような状態は、珍しくないと思います。みんな、性的なことは恥ずかしいから黙《だま》っているだけです。ぜひ、メンタルクリニックか心療《しんりょう》内科、精神科のカウンセリングを受けることをお勧めします。

　僕に相談のメールを送れたんです。カウンセリングを受けるのは、あとちょっとした勇気です。

　ぜひ、一人で悩まず、相談して下さい。きっと、何かが見えてくると思いますよ。

相談16

「誰かがやってくれるだろう」の「誰か」になってしまうことが多くモヤモヤします

25歳・女性　うめ

私は子どもの頃から「誰かがやってくれるだろう」の「誰か」になってしまうことが多いです。

「誰か」になること自体が嫌《いや》なわけではなく、そういうときの周囲の「○○がやってくれるだろう」「自分は関わらなくていい」という無関心さや当事者意識のなさに、つい心がモヤモヤしてしまいます。

現在、私が働いている会社は、サービス残業が多く、私はそれを改善すべき問題だと思っています。しかし、プライベートに話せば、「あれはおかしいよね」「変えていかなきゃいけないよね」と多くの同僚が口を揃《そろ》えて言いますが、私のように何か具体的な改善策を考えようとしたり、勤務管理の部署に相談しようとする人は誰一人いま

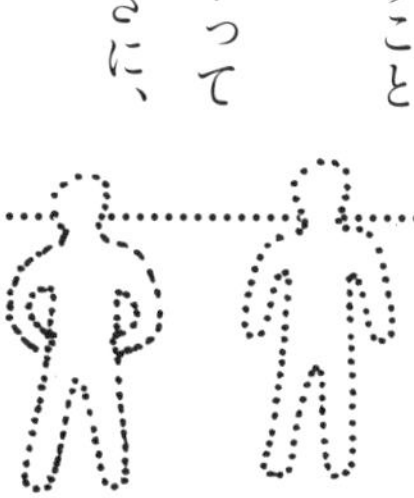

せん。

私が自分たちにできる小さな改善案を提案しても、口頭《こうとう》では「それいいね」と言いながら、一緒《いっしょ》に実行してくれる人はなかなかいません。

組織を変えることはできないと諦《あきら》めてしまっているようです。

おそらく、多くの同僚が心の奥では、私が一人で「サービス残業は問題である」と会社に訴《うった》えていることを悪くは思っていないと思います。

しかし、同時に「そういう組織から逸脱《いつだつ》する行動はあいつに任せて自分たちはおとなしくしておこう」と思っているのではないかと私には感じられて、モヤモヤします。

私はこれからの人生もこのモヤモヤと戦いながら、みんなの代わりに意見を言う人になるべきでしょうか？

それとも、他の生き方があるのでしょうか？

ぜひ鴻上さんのご意見を伺《うかが》いたいです。

うめさん。もやもやしますね。僕もどちらかというと、「『誰かがやってくれるだろう』の『誰か』」になることが多いです。

ある組織に参加して、「これっておかしくない？」と感じ、なんとなく周りに話すと、多くの人が「おかしい」と感じている。じゃあ、変えようと言っても、なかなか周りは動かない。しょうがないので、自分がまず「これ、おかしいと思います」と手を挙《あ》げると、その「おかしさ」で恩恵《おんけい》を受けていた人達からにらまれる。でも周りの人は無反応だったりスルーしたりする――ということが何度かありました。

うめさんと同じように、周囲の「無関心さや当事者意識のなさ」に、もやもやするだけじゃなくて、腹が立ったり、憤《いきどお》ったり、絶望しそうになったりしました。

自分は無駄《むだ》なことをしているんだろうか。自分は独《ひと》りで勝手に盛り上がって、意味のないことをしているんだろうか。でも、プライベートで話をすると多くの人は僕の提案に賛成してくれるのに。ああ、どうしたらいいんだろうと。

で、ある時、腹を括《くく》りました。

自分はどっちがもやもやするかを考えたのです。

「あきらかにおかしいと思っているんだけど、周りが無関心だから自分も黙《だま》った時」に感じるもやもやと、「おかしいと思って言ったのに、周りが無関心だったり人任せだった時」に感じるもやもやを比べたのです。

そして、「発言しても、周りが無関心だったり人任せだった時」のもやもやより、「自分も周りと同じように黙った時」のもやもやが大きい時は、発言しよう、行動しようと決めたのです。

どんなテーマでも常に、どっちのもやもやが大きいかを考えて行動するようにしました。

別の言い方をすれば、「自分が納得《なっとく》してないから発言する」か「周りの人のために発言するか」の違いです。

僕は、「周りの人のために発言する」のではなく、「自分が納得してないから発言する」ことにしたのです。

そうすると、自分の発言によって周りが何らかの恩恵を受けたとしても（例《たと》えば「サービス残業」の廃止ですね）、それに対して何の反応がなくても、問題だとは思わなくなったのです。

周りのためではなく、自分が納得しないから行動しただけですから。それぐらい「自分が納得しているかどうか」を大切にしようと思ったのです。

まあ、性分《しょうぶん》だと思います。自分で「あきらかにおかしい」と思っていることは、黙っていられないのです。

『ほがらか人生相談』なんてタイトルの人生相談をずっと続けてますから、僕のことをいつも穏《おだ》やかに微笑《ほほえ》んでいるおじさんだと思っている人もいるかもしれませんが、とんでもないです。

僕は、テーマによっては、周りがびっくりするぐらい簡単にヒートアップします。この連載をずっと読んでいる人なら分かるでしょうが、「ブラック校則」とか「強制的夫婦同姓《どうせい》」とか「同性婚が認められないこと」とか、他にも世間の理《り》不尽《ふじん》さに直面すると、周りが無関心だろうが人任せだろうが関係なく、一気に燃えます。

もちろん、大人ですから、頭はカッカしてても、言い方は考えます。なるべく、自分の言いたいことは伝わるように、いろんな表現を探《さぐ》ります。

「周りが無関心だから自分も黙った時」のもやもやは絶対に経験したくないと思うから、発言するのです（だから逆に言えば、「周りの人が納得していない」状態でも、「自分が納得している」場合は、発言や行動の必要を感じないということです。でももちろん、他の人の意見を聞いたり、説得されたり、頼まれたりしたら、気持ちが変わることはありますが）。

うめさん。独りで「サービス残業」を問題にしようとするうめさんは素晴《すば》らしいと思います。上司からにらまれることもあるかもしれません。でも、「おかしい」ことを「おかしい」と言ううめさんのような行動が、私達の生きる状況を改善していくんだと思います。

うめさんの孤独な戦いが、みんなを幸せにするのです。

おおげさではなく、そう思います。だって、うめさんは自分の個人的な利益ではなく、多くの人がプライベートでは賛成していることを問題にして、行動しようとしているのですから。

それでね、うめさん。

「私はこれからの人生もこのモヤモヤと戦いながら、みんなの代わりに意見を言う人になるべきでしょうか?」と書かれていますが、「みんなの代わり」と思って発言し続けるのは大変だと思います。

「みんなの代わり」「みんなのため」と思っている限り、期待した反応が返ってこなくて、虚《むな》しさや苦しさとぶつかるでしょう。

ですから僕のように「みんなのため」ではなく、「自分が納得しないから」と考えるのはどうですか？

自分として絶対にスルーできないこと、無視したり黙ったりしたら、ずっともやもやに苦しめられそうなことを発言し、行動するのです。

「他の生き方があるのでしょうか？」とも、うめさんは書かれていますが、常に「もやもやの量」を比較して発言するかどうかを判断するというのは、ある意味「他の生き方」とも言えるし、今までの生き方の整理だとも言えるでしょう。

常に考えることは、「周りの反応」ではなく「自分の納得」。そうやって生きていく人生はけっこう素敵《すてき》なんじゃないかと思います。

これが僕のアドバイスです。

ただね、うめさん。周りがどんなに無関心に見えても、うめさんの行動をちゃんと見ている人はいると僕は思います。そして、言葉や態度に表すかどうかは別として、間違いなく「サービス残業をなくそう」と言っているうめさんに感謝していると思います。

その思いは、きっとどこかでうめさんを助けたり、幸せにしたり、うめさんにポジティブな影響を与えるだろうと思います。僕はそう信じています。

相談17

結婚して10年。思想の違いを愛は越《こ》えていけるのでしょうか

41歳・女性　モクレン

こんにちは。鴻上さんの人生相談にいつも心を整理していただいています。あたたかな言葉に、目の前で話してくださっているような気持ちになりながら拝読しております。

さて、私の悩みなのですが、思想の違いを愛は越えていけるのか、ということです。

夫と結婚して10年になります。子供には恵まれませんでしたが、毎日とても明るく楽しく生活をしております。幸せであること、私は彼を愛していますし彼からの愛情を実感していることを前提としてご相談させてください。

結婚前から彼と考え方が異なることは少なくありませんでした。例《たと》えば死刑制度に私は反対ですが彼は賛成。少年犯罪の厳罰化に私は反対で彼は賛成、といった具合で

す。

コロナの前まではニュースを見ているときに時々話し合っては「意見が合わないね」と笑って話を終えていたのです。しかしコロナになって、ニュースを見る機会が増えたこと、お互いに社会にそれなりに関心があることで、今まで以上に社会の話をするようになると、笑って話を終えられなくなってきました。

最近、彼によく「あなたはフェミニストだから」「あなたは左翼《さよく》だから」「読んでる記事が偏《かたよ》ってるんじゃない」と言われます。こう言われることに傷ついているのではなく、この言葉を話す時の彼の目の冷たさに心が苦しくなるのです。相手を理解しようとする、理解できなくとも受け入れるという表情ではなく、その一定の距離を保とうとする目を見ると悲しくなって反論することができなくなり、「そうだね、私、偏ってるかもね」と彼の言葉を受け入れて会話が終わります。

鴻上さん、私は彼から愛想《あいそ》を尽《つ》かされてしまうのでしょうか。若い頃、個人の愛は、愛する人の信仰を越えることはできない、というような小説をいくつも読んだ気がします。彼の愛情は私の思想を前にして欠《か》けていってしまうのでしょうか。

以前のように「色《いろ》んな考え方があるね」「この辺、妥協《だきょう》できないの？」なんて言っ

て笑って話せるようになるにはどうすれば良いのでしょうか。
……

モクレンさん。大変ですね。「思想の違いを愛は越えていけるのか」ですか。根源《こんげん》的で普遍《ふへん》的なテーマですが、モクレンさんの言うように、コロナ禍《か》が問題をより悪化させたと僕も思います。

この2年、私達は今まで以上にニュースを見て、ネットをチェックして、落ち込みました。

コロナ禍は、つらいことや悲しいことしかないのですが、ひとつ、良いことがあるとすると、私達の生活と政治がどんなに密接につながっているかをはっきりと教えてくれたことだと僕は思っていました。

過去形で書いているのは、10月の衆議院選挙が、55・93%、戦後三番目に低い投票率に終わってしまったからです。

政治と生活のつながりが明確になったからといって、すぐに投票行動には結びつかなかったんですね。どうすれば投票率は上がるのか。じっくりと考えて対策することだと思います。

そして、モクレンさんのように、密接につながっていると意識するからこそ、たくさん話して、対立するようになるカップルも生まれてくるんですね。

それは、政治と密接につながっているという意識が希望ではなく、不安を生んでいるからだと思います。

生活が安定し、将来が漠然《ばくぜん》と安心できる状況だと、自分と違う意見も、おおらかな気持ちで受け止めることができます。でも、未来が見えず、経済的・精神的な不安にさらされている時には、自分と違う意見におおらかな気持ちになれることは少ないでしょう。

コロナ禍は、「戦時下」の例《たと》えでも語られました。「出て行け」という張り紙や県外ナンバーのチェックなど、狂暴化した自粛警察《じしゅくけいさつ》のニュースが私達を暗くしました。

本当の「戦時下」でも、平穏に過ごしていた国際結婚のカップルが、第二次世界大戦と共にお互いの祖国が敵国関係になってしまい、家庭に緊張が持ち込まれる、ということがあったでしょう。

コロナ禍が家庭に与えた緊張もまた、「戦時下」と相似形《そうじけい》だと考えられます。

それからね、モクレンさん。お互いが大人になった、ということも大きいと僕は思っているのです。

モクレンさんは41歳で、結婚して10年でしょう。

「結婚前から彼と考え方が異なることは少なくありませんでした」と書かれていますが、30歳前後はお互いをまだ若いと感じて「いつか分かってくれるだろう」とか「まだまだ未熟な意見だな」と思えたんじゃないでしょうか。

でも、40歳を越えてだんだんと大人になっていくと「これがこの人の意見なんだ」とか「この人の人生観だ」と確信するようになると思うのです。

同時に、自分の意見もだんだんとはっきりしてきます。社会問題に関して、いろいろと曖昧《あいまい》だったことが明確な立ち位置を意識するようになるのです。まあ、それが大人になるということですね。

そうすると、以前のように、笑って、「色んな考え方があるね」「この辺、妥協できないの？」とすませることは難しくなるんじゃないかと思います。

それから、モクレンさんと夫の目的が違ってきたことも原因ではないかと思います。

モクレンさんの目的は、社会問題を夫といろいろと話し、「楽しくコミュニケイション」することだと感じます。もっとぶっちゃけて言えば、たくさん話して「いちゃいちゃする」ことじゃないですか。結婚して10年たっても、そう願うことは素晴《すば》らしいことだと思います。

でも、夫は「お互いの意見を明確にし、どちらが正しいかを判断すること」が目的のように感じます。夫にとっては、それが大人になって社会問題を話し合う意味です。だから以前のように笑って、「色んな考え方があるね」とすませることができなくなったのだと思います。

コロナ禍と、モクレンさん夫婦が大人になったこと、そして夫婦の議論の目的が違ってきたことの三つの理由で、思想の違いを愛が越えられなくなったんじゃないかと僕は思います。

それでね、モクレンさん。

僕のアドバイスは、「愛で思想の違いを越えよう」とするのではなく、「愛と思想がなるべくぶつからないようにする」ということです。

それは「お互いに、政治や社会問題の話題は避《さ》ける」という方法です。

天気や食べ物や旅行や仕事やテレビドラマや『イカゲーム』やマンガや親戚や正月の話はしても、政治や社会問題の話はしないということです。

「え⁉　そんなあ！」と思いましたか。

この方法は、お互いが大人じゃないと難しいでしょう。

朝のニュースを見て、「同性婚」の問題について言いたくなっても、夫に対してはぐっとがまんするのです。そして、気の置けない友達とか意見を共にする人にだけ話すのです。

その代わり、夫とは、今晩なにを食べようとか、小旅行にでも行ってみようか、なんてことを話すのです。

えっ？　このアドバイスは淋《さび》しい？　私は、どんな話題も夫と共有したい？　分かり合いたい？　全人格的に会話したい？

うーん。気持ちは分かります。分かりますが、夫婦だとしても、分かり合えないことはあるんじゃないですか。

よく、初対面の相手とは「政治と宗教」の話はしてはいけないと言われますよね。それは、この二つはとても対立しやすい話題だからですね。

夫婦でも、愛があっても、意見が対立することは当然あります。

その時、モクレンさんが願うように「相手を理解しようとする、理解できなくとも受け入れるという表情」は、恋愛の最盛期ならありうると思います。「どちらが正しいか判断すること」が目的ではなく、「いちゃいちゃすること」が目的ですから、そもそも違いは重要なことではないのです。

でも夫婦は「熱病《ねつびょう》の恋愛」から「結婚生活の日常」へと進んでいくのです。それを淋しいとか愛が醒《さ》めたなんて言い方でとらえてはいけないと思います。

または、お互いにとって根本《こんぽん》的な問題ではない場合です。「ゴキブリは見ただけで絶叫《ぜっきょう》してなにもできない」とか「外食は基本的にしない」とか「外出のたびに、どんなに時間がかかってもコンセントは全部抜く」なんてことは、どちらかが「理解できなくとも受け入れるという表情」はできると思います。

でも、社会問題は、コロナ禍と大人になることによって、夫には「譲《ゆず》れない話題」になったのだと思います。

夫婦でも、社会観や思想が違うことはあります。問題は、それをお互いが主張し、相手に押しつけるかどうかです。

違う考えを持つことと、相手に押しつけることはまったく違います。

モクレンさんも夫も、ニュースを見たらどうしても話したくなりますか？　でも、毎回、話す必要はあるんでしょうか？

例えばね、モクレンさん。子供がいて、夫婦の教育観が大きく違っている場合は、話す必要が出てきます。中学受験をするのかしないのか、私立なのか公立なのか。教育観の違いが、そのまま子供の具体的な進路と関係があるからです。

でも、子供がいない場合、わざわざ、お互いに違う教育観を主張して、対立する必要はないでしょう。

ニュースも同じです。自分達の行動に直接、関わってはこないニュースをわざわざ口に出し、お互いの違いを確認し、議論する必要はもうないんじゃないかと僕は思うのです。だって、もう充分、話してきたんですから。そして、お互いの違いがよく分かったのですから。

モクレンさん。僕の提案は、「とても無理」だと思うでしょうか。

でも、社会問題や政治、思想以外でも、夫婦で会話する話題はたくさんあります。お互いを刺激しない話題で、「いちゃいちゃ」するのが一番いいと僕は思います。

どうですか、モクレンさん。

相談18

社内で元彼と女性事務員のイチャイチャを見ると血が逆流します

51歳・女性　ぞろめ

鴻上さんの、相談者に寄り添った丁寧《ていねい》な回答にいつも心があたたまります。どうかお力をお貸しください。

自営業50代女性（既婚《きこん》）です。当社の年下男性社員と約10年逢瀬《おうせ》を重ねました。同僚に疑われ始め「関係をリセットしよう」と言われて半年少し過ぎました。

「いつまでも続くわけがない、いつか終わりが来る」と覚悟はしていましたので、終わった事は了解しています。

それでもしばらくSNSでのやり取りがありましたが、私が彼を怒らせるような発言をしたらしく、それもなくなりました。でもそれは「こんな事を続けていたらいつまでも気持ちを切り替えられない」と思う私にはよかったと思います。

社内では彼に対して以前と変わらぬ対応で「大人の女」（笑）だと思います。

ここからが問題です！　当社には女性事務員が1人おりますが、彼女はいわゆる「誤解されやすい」「女性から嫌われる女性」でして、多くの社員は弄《もてあそ》ばれております。

彼とも共同で宝くじを買ったり、（彼の）誕生日やクリスマス等に茶菓子を（彼だけに）プレゼントしたり、旦那《だんな》さんの愚痴《ぐち》を彼に聞いてもらったりと「イチャイチャ」していました。

元々口数も少なく、他人に関心がない彼でしたが、逢瀬の時は私を「好き」な気持ちが伝わっていたのでそれはさほど気になりませんでした。

ところが、お別れした今、彼女とのこのイチャイチャを見ると血が逆流するといいますか、頭に血が上るといいますか、自制が利《き》かなくなるほどの彼への怒《いか》りがこみ上げます。黙《だま》って見て見ぬふりをしていますが、脳内はパニックです。そしてその日は彼への怒りと悲しみで寝るまでネガティブ思考まっしぐらです。

恐らく彼も彼女も「好き」というのではなく「同僚」として仲良くしてるだけなのだと「頭」では理解しています。しかし感情が言うことを聞きません。事務員に対しても嫌いではないですが「彼女がいなければ大人対応のまま、気持ちの切り替えもスムーズに行くのに！」と考えてしまいます。
きっと私はまだ彼に執着《しゅうちゃく》しているんですよね？
執着の手放し方はいっぱい検索してきました。鴻上さんに伺《うかが》いたいのは――イチャイチャを見せられた時の気の持ちようを教えていただきたいのです。どうすれば血の逆流が抑《おさ》えられますか？（健康相談みたいになってしまいました〈笑〉）
長くなりましたが、どうかよろしくお願いします！

…………………………………

ぞろめさん。大変ですね。「きっと私はまだ彼に執着しているんですよね？」と疑問形で書かれていますが、ご自分でもじつは分かっているように、はっきりと執着していますよね。
だから、血が逆流してしまうんですよね。
相手から先に別れを切り出されると、どうしても執着してしまいますよね。「いつまでも続くわけがない」と思って、自分から切り出したとしたら、少しはましだったでしょうが。
なおかつ、同じ職場ですもんね。

「まだ執着している元恋人と同じ組織にいて、その元恋人が次の相手といちゃいちゃしているのを見る」というのは、「恋愛地獄ベスト5」に入るタフな状況です（ちなみに、他は「恋人が他人とエッチしている現場に出くわす」とか「親友に恋人を寝取られる」なんてことですね）。

さて、ぞろめさん。「血の逆流を抑える」という健康相談みたいな方法としては、

1．逆流しそうになったり、逆流したら、静かにかつ速《すみ》やかにその場を立ち去る（トイレに行くとか、電話をかけるとか、とにかく理由をでっちあげましょう）

2．そのまま離れた場所で、深呼吸を繰《く》り返す（無理しても大きく吸って、大きく吐《は》いて下さい。何回か繰り返しましょう。まさに健康相談ですね）

さて、ここからです。

「執着の手放し方はいっぱい検索してきました」と書かれてますが、どんな「執着を手放す方法」を実践しましたか？

念のために書いておきますが、一番、やってはいけないのは、元恋人がいちゃいち

やしている相手に怒りを集中する、という方法です。

これをやると、一瞬、相手への怒りで、元恋人への執着が減ったような気がしますが、本当に一瞬のことです。結果的に元恋人への執着が何倍にもなって返ってきます。いちゃいちゃする相手を嫉妬《しっと》する気持ち、恨《うら》みたい気持ち、憎《にく》い気持ちはようく分かりますが、自分の気持ちをそっちへ持って行ってはダメです。

では、どうすればいいか？　ぞろめさんは、いろんな手放し方を検索したのですね。

それでは、僕が血が逆流した時に必死に生み出した「鴻上式執着手放し法」をご紹介しましょう。

それは、執着している相手の顔をはっきりと想像した後（執着しているので、簡単に目の前に浮かぶでしょう）、ゆっくりと、顔の皮膚を想像の中で剥《は》がしていくのです。

すると、理科室にあったような人体標本《じんたいひょうほん》の筋肉だけの赤い顔が出てきます。『進撃《しんげき》の巨人《きょじん》』というマンガをご存じでしたら、筋肉だけの赤い顔の巨人のタイプです。だらしなく太った方じゃなくてね。

やってみて下さい。執着していた気持ちがふっと冷静になりませんか？

あ、もちろん、想像の中ですよ。実際にやろうとしたら、猟奇《りょうき》犯罪ですからね。とにかく、愛した人の顔の皮膚を想像の中で一枚剥がす。そして、筋肉組織だけの顔を想像する。

職場でいちゃいちゃしている姿を見たら、すぐに、脳内で元恋人の顔の皮膚を剥がして、筋肉だけの顔にするのです。想像力ですよ。そうすると、あら、不思議。執着がゆっくりと消えていくのです。

あとは繰り返しです。会いたいなあとか好きだなあとか切《せつ》ないなあと思うたびに、脳内で皮膚を剥がします。筋肉組織だけの顔にするのです。だまされたと思ってやってみて下さい。

お前はなんてことを書いているんだと思うかもしれませんが、「恋愛の執着」に振り回されている時は、これぐらいのショック療法を使わないと、気持ちはなかなか変わらないのです。

僕も、ぞろめさんと同じように「血が逆流する」経験を何度かしました。執着している人が、別の人といちゃいちゃする姿を見ると、全身が総毛立《そうけだ》ち、心臓が早鐘《はやがね》を打ち、血が恐ろしい勢いで全身を駆《か》けめぐりました。立っているのがやっと、という経験です。

忘れよう、無視しようとすると、人間はよけい覚えておこうとします。「緊張しないようにしよう」とか「あがらないようにしよう」と思えば思うほど、緊張し、あがってしまうことと同じです。

本来、そういう状況の時に最適の方法は、他のことを考え続けることです。「忘れよう」とか「緊張しないようにしよう」と考えるのではなく、まったく違うことに集中するのです。

そうすると、人間の思考能力のキャパシティーは有限なので、元恋人や目の前の聴衆に回すエネルギーがなくなり結果として悩まされなくなるのです。

同じ職場や組織に執着する相手がいなければ、そしてSNSでチェックすることもやめれば、やがて、ゆっくりと執着は消えていきます。だいたい3年が目安です。その間、一回も相手に会わず、SNSで情報も手に入れず、昔の写真も見ず、3年間、集中して仕事や勉強、何らかの活動に打ち込めば、たいていの執着は消えるはずです。

でも、ぞろめさんは、同じ職場なんですよね。これは本当に「恋愛地獄」だと思います。

ですから、「筋肉組織を想像する」作戦です。目の前に元恋人がいるのですから、他のことは考えられません。ですから、元恋人の筋肉組織がむき出しになった顔を想像するのです。それだけを考えるのです。

あとは、「大人の女」としての対応を続けながら、なるべく同じ空間にいない、必要最低限度の会話しかしない、という方法です。

同じ職場にいながら、ゆっくりと心の中の存在を消していく作戦です。

ぞろめさん。しばらくは地獄が続くと思います。仕事を変えるという選択肢《し》がないのなら、ここはふんばって、「鴻上式執着手放し法」をこまめに実践することをお勧《すす》めします。

大丈夫。必ず時間は癒《い》やしてくれます。昔の人の言葉「日《ひ》にち薬《ぐすり》」は真実ですから。

相談19

誰かと関係を持つことで傷付けられたり、搾取《さくしゅ》されるのではないかという不安があります

40歳・女性　コタツみかん

いつも楽しく拝見しております。

私は小学一年生の息子がいる主婦です。

10年以上正社員フルタイムで働いていましたが、2021年に退職いたしました。

私の悩みは、人間関係の不安です。誰かと関係を持つことで傷付けられたり、搾取されるのではないかという不安です。

例《たと》えば具体的には、息子の友達が遊びに来るのが非常に嫌《いや》です。何だかんだと理由を付けて公園かどこかへやらせます。

と言うのも以前、遊びに来た友達を受け入れたら、毎日当然のように押し掛けてきて、家の収納《しゅうのう》やらを開けまくる、大騒ぎするなどされて懲《こ》りてしまったからです。

その子の親は知っているのに知らぬふりで、5時になっても6時になっても呼びに来ることもしませんでした。

以前の職場では、手伝ってと言われ快《こころよ》く引き受けた仕事が、いつの間にか私の担当にされていました。一度や二度ではありません。上司に訴《うった》えても「まぁ、そのうち増員するから」と言ったきり知らんふり。もちろん増員なんてされませんでした。親身《しんみ》になって話を聞いた友達が、私の話は聞いてくれなかった、却《かえ》って馬鹿《ばか》にされた、なんてこともありました。いつの間にか、他人は私から奪うばかり、面倒事《めんどうごと》を押し付けるばかりと思うようになりました。

私の対応が悪かったのかと思い、もうむやみに優しくするのはやめようと決めました。

もう、相手が子供であっても油断できません。人間はつけあがります。いつもピリピリ、周囲を威嚇《いかく》して生きているので疲れます(笑)。楽しくありません。でも、そうしなければまた、嫌な思いをしそうで不安です。

私は間違っていますか? 間違っていますよね?

ズバリ指摘して頂きたく、今回応募しました。どうかよろしくお願いいたします。

コタツみかんさん。大変ですね。コタツみかんさんが書くように「いつもピリピリ、周囲を威嚇して生きている」のは疲れるし、楽しくないでしょう。毎月、送られてくる相談すべてに目を通していますが、担当編集者さんは、「この相談にまず答えて欲しい」という優先順位をつけて僕に渡してくれます。

コタツみかんさんの相談はそのひとつで、担当編集者さんは「明日が見えず、自助を求められる社会からくる不安感と無関係ではないと感じます」とコメントしてくれていました。

とてもコタツみかんさんに寄り添ったコメントだと思います。確かにそういう一面もあると思います。今は、世界中の誰もが不安な時代ですからね。

でもね、コタツみかんさん。僕は、コタツみかんさんの状況を少しでもよくするためには、ちょっと違うことを考えています。

話はガラリと変わるのですが、以前、僕は「アメリカでひどい目にあった」と言っている人と会ったことがあります。

彼女は、大学時代にアメリカの家庭でホームステイした時に、三カ月間、毎晩、豆とフライドチキンの夕食が続いたそうです。

彼女は、毎日、「今日こそは違う料理であって欲しい」と祈りましたが、ホームステイ期間の三カ月、ずっと同じメニューだったそうです。

「ありえないでしょう。人を人間扱いしてないよね」と彼女は怒った顔で僕に言いました。もっとも、彼女だけではなく、受け入れ元のアメリカ人も同じ物を食べていたと言ってましたから、彼女にいじわるしたというより、料理に関心がない家族だったと考えた方がいいでしょう。

その後、彼女は社会人になって、半分嫌《いや》だなと思いながらアメリカに旅行に行き、タクシーのぼったくりにあって高額なお金を払い、レストランでチップを払う店員を間違えて怒られ、日本では仕事で一度だけ会ったアメリカ人から強引な契約を押しつけられて反論できませんでした。

で、彼女の結論は「アメリカ人は信用できない」というものです。

まさにコタツみかんさんの言葉「いつの間にか、他人は私から奪うばかり、面倒事を押し付けるばかりと思うようになりました」「もう、相手が子供であっても油断できません。人間はつけあがります」という部分の「他人」と「人間」を「アメリカ人」に変えると、まったく同じ気持ちになったのです。

でね、コタツみかんさん。僕は「相手が子供であっても油断できない。アメリカ人はつけあがる」と身構《みがま》えている人の話を聞きながら、納得《なっとく》したかというとそうではなく、「毎晩、同じ料理に苦しんでいる時、まず、アメリカ人に話すという方法はなかったのかなあ。週に一回でいいから料理を変えて欲しいとか、晩飯《ばんめし》はいらないから、その分、いくらかステイ代を安くして欲しいとか、私の分は私が作るとか、どうしようもなければステイ先を変えるとか、どうしてトライしなかったのかなあ」と思っていました。

彼女のアメリカ人嫌悪《けんお》の根本《こんぽん》がこの時に作られているようだったので、特にこの時の対応を考えてしまったのです。

彼女はムッとしたり、困ったり、食事を残したりしましたが、一度も「この食事を変えて欲しい。その代わり〜」と提案したことはないと言いました。「日本人なら、そもそも、お客さんに同じ料理を三カ月出し続けたりしないし、食事を残したり顔色が悪かったりしたら、『どうしたの？』と聞いてくれるでしょう。そういうのがアメリカ人はまったくないの」と、彼女はもう20年近く前の話なのに、少し興奮しながら僕に話しました。まだ怒《いか》りは収《おさ》まってないと感じる姿でした。

もちろん、彼女に同情はします。20歳で英語がうまく話せず、単身で海外に行くことの不安や恐怖は分かるつもりです。ですから、なかなか言い出せない事情も理解できます。でも、言わなかったことによって、彼女は20年近く「アメリカ人は信用できない」と思い続けることになったのです。

もし、「この夕食はもう耐《た》えられない。でも、何度言ってもあなた方は変えるつもりがないようだ。私はホームステイの手配をしてくれた会社に連絡して、家を替わります」と拙《つたな》い英語で言い、替わったステイ先の夕食が美味《おい》しいものだったら、彼女の「アメリカ人は信用できない」という感覚はずいぶん変わっていたんじゃないかと思います。

さて、コタツみかんさん。

僕が長々と「アメリカ人は信用できない」と思っている女性のことを書いた理由を分かっていただけるでしょうか？

僕は、この女性とコタツみかんさんは、とても似ていると思っているのです。

アメリカ人に絶望した彼女と人間に絶望したコタツみかんさんの状態だけではなく、

そこに至《いた》る過程がとても似ていると感じるのです。

僕はコタツみかんさんの「私の対応が悪かったのかと思い、もうむやみに優しくするのはやめようと決めました」という文章の「むやみに」という表現に引っかかります。

「むやみに」の「むやみ」は、広辞苑《こうじえん》によると「①前後を考えないさま。理非《りひ》を分別しないさま」「②度を越すさま」です。

つまり、コタツみかんさんは、「前後を考えないで、または度を越して」優しくしたと自分で言っているということになります。

「マザー・テレサのように、とにかく徹底的に人に優しくしたら、裏切られた。だから、私はもう絶対に人に優しくしない」

コタツみかんさんはそう言っているように僕には感じられるのです。

それでね、コタツみかんさん。申し訳ないのですが、これは、僕が何度も言っている「0か100か」の子供の発想です。

子供は、0点か100点のどちらかです。人間関係は、「好きか嫌いか」「信用するかしないか」「自分より上か下か」「敵か味方か」のきっぱりとした二項しかありません。

やってみたら分かりますが、「0か100か」はとても楽《らく》です。嫌いな部分が見えたらお終《しま》い。苦手な人には完全にシャッターを下ろす。一度でも裏切られたら終わり。欠点は絶対に許さない。

迷いのない、とても楽な生き方です。でも、残念ながらいいことばかりではありません。

マイナス面としては、人生の多様な可能性を失うということです。「アメリカ人はつけあがる」と思っている彼女は、これから先、アメリカ旅行を楽しむことも、アメリカ人の友人を得ることも、アメリカ人相手のビジネスチャンスを得ることもまったくないでしょう。

コタツみかんさんと同じように、彼女はアメリカ人と出会うと「いつもピリピリ、周囲を威嚇して生きている」のですから。

もちろん、彼女は「そうしなければまた、嫌な思いをしそうで不安」だからです。

コタツみかんさん。

もう、僕が何を言いたいのか分かっているでしょうか。

大人とは0点と100点の間、例えば67点とか83点とか35点とかで人間と会話し、そしてつきあうことができる人のことです。

「67点で会話する」というのは、「何も言わないで黙《だま》っている」が0点で、「全部ぶっちゃけて言う」が100点で、その間、67点分だけ言うということです。

コタツみかんさんは、「我慢《がまん》して何も言わない」という0点を選ぶことが多かったんじゃないですか。仕事のことで「上司に訴えても」と書かれていますが、この時、何点ぐらいの言い方をしました？　コタツみかんさんは優しいから、なるべく対立しないように、おおごとにならないように気を使って、15点ぐらいの言い方しかしなかったんじゃないかと僕は思います。

「他人は私から奪うばかり、面倒事を押し付けるばかりと思うようになりました」と書かれていますが、実際に、コタツみかんさんの周りで、そうする人は多いんじゃないでしょうか。それは、そうしてもコタツみかんさんがぐっと我慢して「0点〜15点」の対応をすると分かっているからです。

もし、周りから「コタツみかんさんは、普段《ふだん》は優しいけど、言う時はちゃんと言う人だから。納得できないことは、納得できるまでとことん主張する人だからね」と思われていたら、周りの人は「面倒事を押し付けるばかり」にはなってないと、僕は思います。

会話するだけではなく、67点とか45点でつきあうというのは、「この人は、口が悪いけれど、仕事はちゃんとできる」とか、「この人は時間にルーズだけど、すごく優しい」とか、「この人はとてもおせっかいだけど、よくおごってくれる」なんて、人間の「よい面」と「悪い面」のバランスを見ながらつきあうということです。

もちろん、「私の限界は30点。この人は、29点で、悪い面が多すぎるから、つきあうのは無理」という人もいるでしょう。

「私の悩みは、人間関係の不安です。誰かと関係を持つことで傷付けられたり、搾取されるのではないかという不安です」と書かれていますが、人間の中には、コタツみかんさんを傷付ける人もいれば、癒《い》やしてくれる人もいます。搾取する人もいれば、与えてくれる人もいます。当り前のことですよね。アメリカ人も同じでしょう。傷付けるアメリカ人もいれば、癒やしてくれるアメリカ人もいます。

まさか「人間すべてが邪悪《じゃあく》である」とは思ってないでしょう？「アメリカ人すべてが邪悪である」と彼女は思っているかもしれませんが、人間にまで広げるとコタツみかんさんも邪悪な存在になってしまいますからね。

コタツみかんさんが「この人は私を傷付ける人だ」と思ったら、まず、「何点ぐらいで会話しよう」と考えるのです。「家の収納やらを開けまくる」「大騒ぎする」子供がいたら、どれぐらいの言い方をすれば止められるのかを考えるのです。そして、100点に近い言い方をしても通じないのなら、その子の親に通じる言い方を探します。もちろん、子供も親も変化せず、悪い面が多すぎて点数が低いのなら、つきあいをやめます。

でも、大切なことですが、子供も親も変わらなかったからといって、他の子供も親も絶対に変わらないと決めつけるのは、まさに「0か100か」の子供の発想です。

コタツみかんさん。どうですか？

「そんなことをいちいち考えて、会話なんかできない。0か100の間を見つけるのはとても大変なことだ」と思いましたか？

確かに、これは大変なことです。でも、これが大人になるということです。大人になることは、しんどいのです。

何点ぐらいで会話しよう、何点ぐらいでつきあおうと試行錯誤《しこうさくご》している過程で、うまくできなくて、傷付けられたり搾取されたりすることがあるかもしれません。

でも、失敗したり成功したりしながら、対話を続けていけば、人間関係は間違いなく豊かになります。これが、しんどさを引き受けるご褒美《ほうび》です。素敵《すてき》な人と出会えたり、楽しい経験をする可能性が広がるのです。

大丈夫。自分のことを「私は間違っていますか？　間違っていますよね？」と書けるコタツみかんさんは、とても聡明《そうめい》な人だと思います。毎日、ピリピリして疲れるぐらいなら、0点と100点の間を見つける旅に出てみませんか？

相談20

私は彼の本心が聞きたいのに、自分の気持ちを聞かれると、私に解釈させようとするのです

26歳・女性　ふとん

ネットで知り合った、少し気になる男性がいます。私より2歳年下の大学生です。

彼とは1ヶ月前に共通のSNSで知り合い、料理の話で意気投合《いきとうごう》するようになってからLINEのチャットや電話で話す間柄《あいだがら》になりました。

最初におや？と思ったのは話し始めて2週間も経《た》たないうちの日の事です。

友人と深夜までお酒を飲んでいた彼が帰宅途中に酔っ払って私に電話をかけてきました。

彼からの電話で起きた私は眠気《ねむけ》で頭が回らず、彼の発言に対して1、2テンポ遅く答えるような感じで話していました。

すると彼は「自分とは話したくないんだね。自分なんていついなくなってもいい、

自分と話せなくなっても代わりの人は他にたくさんいるもんね」と、こんなことを言うのです。どんな言葉をかけてもその考え方を変えることはせず、結局電話が切れた後、数日連絡が途絶《とだ》えたのちまた連絡が来る、というような具合になりました。

彼は酔っていなくても根底《こんてい》にこの考え方があり、酔っ払うと表に出てしまうけど「これ（自分の考え方）は事実だから」と言うのです。

また、別の日もLINEで「ああ、気分が悪い」「嫌《いや》なことが続いた」と立て続けに私にチャットを送ってきたので、私が「どうしたの？」と聞くと「あーだるい」とか答えにならない回答しか送ってきません。

嫌なことが続いたという部分は分かりませんでしたが、私と話す気分ではないのかな、それなら申し訳ないことをしてしまったなと思い、「ごめんね」と送ると「こっちの話」と言うのです。

「私には話したくない話？」と聞くと「どっちでもいい」と言うので、ここまで引っ張られて気にならないわけがないので「じゃあ聞かせてよ」と言うと「変わった人だね」と返ってきました。

それでも「聞かせてよ」と送ったのですが、結局その後何があったのか話してくれることはなく、「寝てた」とだけ返ってきました。
おはようと返しても、「よ」とかこれまた返しに困るような返答しか返ってきません。

昨日の気分が悪くなった話は解決したの？と話を切り出してもそれに答えてくれず、彼は私とコミュニケーションを取るのが辛《つら》くなったんだろうかと、そう思い、白黒ハッキリさせないと気が済まない性格の私は「いまの私と話しててたのしい？」と聞いてしまいました。

すると「解釈はあなたに任せるよ、先に決めつけていいよ」と、こういうのです。

私は彼の本心が聞きたいのに、自分の気持ちを聞かれると、私に解釈させようとするのです。

これ以降、何を聞いてもこんな感じです。

私はどうすればよかったのでしょう。もう分かりません……。

ふとんさん。その後、どうですか？　ずっと彼とコミュニケイトすることに苦労していますか？

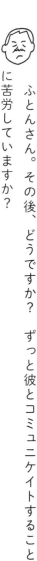

「私は彼の本心が聞きたい」んですよね。でも彼は「自分の気持ちを聞かれると、私に解釈させようとする」んですね。

ふとんさんが知りたい彼の「本心」とは、つまりは「私のことをどう思っているか」ということじゃないですか？

興味をもった人の本心が分からないと悲しくなったり、苛立《いらだ》ったり、切《せつ》なくなったりしますからね。私のことを好きならもちろん嬉《うれ》しいけれど、嫌いなら嫌い、興味が無いなら無いとはっきりして欲しい。「本心」が分からないのが一番つらい、ということですね。

好きになればなるほど、この「つらさ」は大きくなりますね。興味がない人の「本心」が分からないのは、全然問題じゃないのに、好きになればなるほど、激しく「本心」を知りたくなりますからね。

文面からは、ふとんさんは、「2歳年下の大学生」君をかなり好きになっているように感じます。ほれてしまったんですねえ。恋をすることは素敵《すてき》なことですから（しない人はダメと言っているんじゃないですよ）それはとても良いことだと思います。

さて、ふとんさん。僕の意見を言いますね。

ふとんさんの文章から想像すると、「彼には本心はない」という感じがします。

つまり、彼はふとんさんのことについて何も考えてない、ということです。

恋愛において、多くの場合「何を考えているか分からない人は、じつは何も考えてない」ということが起こります。

好きになってしまった方は、相手に過剰《かじょう》に感情移入して、相手の言葉や行動から「意味」をくみ取ろうとしますから、相手はいろいろと考えているに違いない、と思い込みます。「恋愛の美化《びか》作用」と呼んでもいいし、「関係の物語化」と呼んでもいいでしょう。

でも、好きになられた当人《とうにん》は、相手のことなんかまったく考えないで、自分のことだけに集中している、なんてことがよくあります。恋愛をすることが素晴《すば》らしいのは、人間のこういう残酷《ざんこく》さを知る意味も含まれます。

自分は一生懸命相手のことを考えているのに、相手はまったく私のことを考えてくれない。それもまた、恋愛のひとつの真実です。

たぶん、彼は自分のことに精一杯《せいいっぱい》で、ふとんさんのことは考えてないのです。子供にはよくあることです。彼は年齢は24歳でも、中身は未熟な子供のままなのです。

ふとんさん。悲しい気持ちになりましたか。ごめんなさいね。でもね、彼がどんなにイケメンでも、どんなにふとんさんのタイプでも、「自分なんていつしなくなってもいい、自分と話せなくなっても代わりの人は他にたくさんいるもんね」なんてことを、夜中に一方的に電話をしてきて、相手の反応が悪いからと言うような男はロクなもんじゃないと僕は思いますよ。幼いまま、甘え方がゆがんだ状態だと感じます。

だって、「『ああ、気分が悪い』『嫌なことが続いた』と立て続けに私にチャットを送ってきたので、私が『どうしたの？』と聞くと『あーだるい』とか答えにならない回答しか送ってきません」ということは、ふとんさんと会話するつもりがないということでしょう。相手がどんな気持ちになるかまったく考えないまま、自分の感情を吐《は》き出して平気だということです。そんな人に惚《ほ》れて、もし、つきあいだしたら、悲劇しか待ってないと僕は思います。

だからね、ふとんさん。残念ですが、彼のことがどんなに好きでも、彼のことはあきらめた方がいいと思いますよ。

「恋を前にした唯一《ゆいいつ》の勇気は、逃げることである」と、ナポレオンさんは言いました。幸《さいわ》いなことにまだ関係は始まったばかりですから、逃げるなら今です。

次の人と出会えるか分からないとか、彼に未練《みれん》があるとか感じるかもしれませんが、今はとにかく逃げることです。だって、火事になって燃えている家に、大切なぬいぐるみがあるからと飛び込む人がいたら止めるでしょう。

今、客観的に見るとふとんさんは、そういう状態にあると僕は思います。

きついことを言ってごめんなさい。でも、大丈夫。きっと素敵な人は現れますよ。

相談21

大病《たいびょう》を経《へ》て、運よく回復できたが後遺症《こういしょう》もあり、どう生きていけばいいのか分からなくなりました

46歳・女性　なお

昨年（2020年）、病気で大きな手術をしました。

主治医には5年生きられないかもしれないと言われていましたが、腫瘍《しゅよう》を取り除く手術をしたところ、余命《よめい》は気にしなくてよい（5年以上生きられる）状態になりました。

とても運良く回復できたということらしいです。

とはいえ、元通りの体に戻ったわけではなく、後遺症でご飯を今までの半分も食べられない体になり、傷あとの違和感《いわかん》や痛みもあります。

病気の前みたいに仕事や家事を満足にこなす体力も無くなりました。休日に友達とライブに行ったりすることも無くなり、疎遠《そえん》になりつつあります。私はこれから何を

頑張って、何を楽しみに生きていけばいいのか分からなくなりました。

一度は5年以内に死ぬことを覚悟したのだから、なんでもできるという根性論でもないし、「このために生き残った」というようなドラマも今のところありません。ただ、気の抜けた自分がいるだけです。

自分を見失ったとき、どうやって生きていけばいいのでしょうか。

なおさん。余命を気にしなくてもよくなったんですね。素《す》晴《ば》らしいじゃないですか。でも、自分を見失ってしまったんですね。

体調はどうですか？ 体調が悪いと、なかなか気力がわかず、なにもかも嫌《いや》になりがちですよね。

でも、体力を完全に回復する、ということが難しい場合は、どうしたらいいか、ということですよね。

なおさんの文章を読むと、「生き延びた」喜びより「元通りの体にならなかった」嘆《なげ》きの方が大きいと感じます。

話は変わるんですが、身の回りの70歳を越《こ》した人と話していると、「体が自分の体

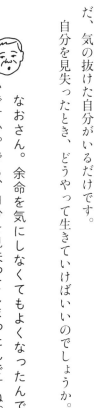

じゃない」とか「自分でも考えられないぐらい体力が落ちている」「体のあちこちが痛い」なんてことを言う人が多いです。

ただ、そのことを「まあ、年を取るというのはそういうものだ」と受け入れながらボヤく人と、「絶対におかしい。もうダメだ」と悲しみながらグチる人に分かれます。

簡単に言うと、「前向きなお年寄り」と「後ろ向きなお年寄り」の違いです。どちらも病院に行くし、体も大変なんですけどね。

なおさん。ですからここはひとつ、「後ろ向きな病後の人」じゃなくて、「前向きな病後の人」になるのはどうでしょうか。

体が元通りにならなくて、食事量が半分になり、傷あとの違和感や痛みもあって、充分な体力が無くなった時に「もう終わりだ。なにもやる気が起きない」と考えるのではなく、「それでも、死なないで生き延びたんだ。生きてりゃ、なんとかなるだろう」と考える人になるということです。

「そんな無茶《むちゃ》な」と思いましたか？　僕も半分、無茶を承知で言っています。それは、残酷《ざんこく》なようですが、なおさんの体が完全に以前の状態に戻る可能性が低いからこそ、こう考えるのがいいと思っているのです。

高齢の人にとって、自分の健康状態とか体力、筋力が時間と共に劇的に回復・向上する、ということはなかなか望めないことでしょう。時間は、さらに状況を悪化させる方向に導くことが多いでしょう。だから単純に「もうダメだ。未来がない」と「後ろ向きなお年寄り」になることは簡単だと思います。でも、周りを見ればだんだんと劣化《れっか》してくる。それが人間。でも、嘆いてもしょうがないことは嘆かないと毎日を充実させて生きようとしている「前向きなお年寄り」も大勢います。

ですから、体調が完全に戻らなくても「後ろ向きな病後の人」ではなく「前向きな病後の人」になるのがいいんじゃないかと考えるのです。

「前向きな病後の人」になると、気持ちに余裕が生まれてくると僕は思います。

そうすると、少しずつ、毎日の生活のいろいろを感じることができるようになります。「このために生き残った」なんていうドラマじゃなくて、「このコーヒー、美味《おい》しい」とか「青空が気持ちいい」とか「みかんが甘い」とか「この花、きれい」とか「この曲、素敵《すてき》」なんて小さな喜びを意識できるようになると思うのです。それは、もし、腫瘍が悪化して亡くなっていたら、経験できなかった、小さな、けれど大切な喜びだと思います。

自分を見失った時、自分を導く大きなものを求めがちです。でも、大きなものが見つからないからといってすべてをあきらめるのではなく、毎日の小さな喜びは、充分、なおさんの生活を変えていく力になるんじゃないかと僕は思います。

それでね、なおさん。前向きになっても、なおさんは「前向きな病後の人」です。そこは、友達に伝える必要があると思います。高齢者は見た目で分かりますから、「前向きなお年寄り」の素敵さや素晴らしさを、周りは理解します。でも、「病後の人」はなかなか分かりません。まず、なおさんが、自分自身が病後の人であることをちゃんと受け入れて、友達と「以前のような無茶なスケジュールの旅行やドライブは行けなくなった。でも、私が参加できるスケジュールの時にはぜひ一緒《いっしょ》に遊びたい」と伝えるのがいいと思います。

小さな小さな喜びを、日々重ねていくこと。それが生きる意味だと考えるのは、とても素敵なことだと思うのです。なおさん、どうですか？

相談22

わたしの悩みは「自分のことをどうしても好きになれない」ことです

29歳・女性　シカ

鴻上さん初めまして。いつも楽しく、興味深く拝見しております。鴻上さんのあたたかいお言葉が胸にすっと入り込み、毎回心が軽くなる気持ちです。

さて、わたしの悩みは「自分のことをどうしても好きになれない」です。

わたしは現在29歳独身、都内で一人暮らしをしています。離れて生活していますが家族仲も良く、皆壮健《そうけん》で、多くはないものの信頼できる友人も複数います。やりがいのある好きな仕事にも就《つ》き、職場環境も快適で、日々の生活に不自由のない稼《かせ》ぎもある、とても恵まれた生活を送れていると自分でも思います。

それでもわたしは昔から自分を好きになれません。容姿《ようし》、体型、性格全てに自信がないのです。鏡を見て落ち込んだり、「他の人は仕事もしっかりやっているのに、結

婚もできているのに」と比較したり、「あんなことを言わなければよかった」と後悔して自己嫌悪《けんお》の日々です。「自分のどこを直せば良いか」、真剣に家族や友人に相談したのですが、皆「そのままで良い」「自己評価と他者評価が乖離《かいり》しすぎている」「もっと自信を持った方が良い」と言ってくれます。嬉《うれ》しいものの、「優しいからそう言ってくれているんだろう」と思ってしまい、結局どうすればよいか分からず困ってしまいます。

今の状態は自分にも周りにもよくない、自信を持った方がよいと自分でも思うのですが、どうすればよいか分かりません。どのように考え方や行動を変えればよいのでしょうか、または、割り切ってこの性格を飼《か》い慣らしていくべきでしょうか。

どうぞよろしくお願いします。

シカさん。そうですか。昔から「自分のことをどうしても好きになれない」ですか。「容姿、体型、性格全てに自信がない」んですか。

「全て」というのは、大変ですね。

通常、送られてくる悩みは「容姿コンプレックス」とか「体型コンプレックス」

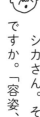

「性格が悩み」「仕事ができない」と、まず一番に「自信がないもの」があって、そこから自分を否定して、自信をなくしていく人が多いのですが、シカさんは、とにかく「昔から」「全て」なんですね。

シカさん。じゃあ、順番に聞きますね。

まず、1。「昔」とはいつからですか？　保育園や幼稚園の時代から？　小学校低学年から？　それとも、中学生の時？　思春期？　いつから、シカさんは「全てに自信がない」状態でしたか？

いつからか分かったら、自信がなくなった原因に心当たりはありますか？　親に激しく否定されたとか、周りにいじめられたとか、クラスメイトの心ない一言《ひとこと》とか、シカさんの存在を根底《こんてい》から揺《ゆ》るがす何かがありましたか？

それとも、気が付いたら知らないうちに、全てに自信がなくなっていましたか？

もし、心当たりがあれば、問題は一歩前進でしょう。なんでも否定する親とかいじめだったとしたら、その時自分はどう感じたかに集中し、その後にどんな影響があったかを見つめます。

さて、もしまったく心当たりがないとしたら、次に聞きたいのは、

2。本当に「全て」ですか？　昔から、自信のあるものはひとつもありませんか？

「かけっこ」とか「アニメの知識」とか「料理」とか「花の名前」とか「ダンス」とか「計算」とか「鼻唄《はなうた》」とか「食欲」とか「掃除《そうじ》」とか、ひとつも自信がありませんか？　シカさんは「全て」に対して、ダメですか？

もし、本当に「全て」がダメだとしたら、とても能力が劣《おと》っているということですね。

でも、シカさんは、「やりがいのある好きな仕事にも就き、職場環境も快適で、日々の生活に不自由のない稼ぎもある、とても恵まれた生活を送れている」んですね。

僕は逆に「全てに自信がない」人が、どうしてこういう生活が送れているのか、聞きたいぐらいです。だって「やりがい」なんて言葉は、自信がないと出てこないと思いますよ。全てに自信のない人は「こんな仕事は自分にできるはずがない。自分はこんな仕事をしていてはいけない」と思いますから。

3。もし、「『全て』と書いたけれど、『全て』ではないみたいだ」と感じたとしたら、「容姿、体型、性格全てに自信がない」に、順番が付けられますか？

とりあえず、「容姿」と「体型」と「性格」の三つで、自信がない順番があるかどうかです。

シカさん。僕は、この三つが同じレベルで同時に自信がない、というケースはあまりないと思っているのです。

三つでも、自信のないレベルも違うし、自信がなくなった時期も違うことが多いと思っているのです。

昔、韓国のテレビで、容姿に激しいコンプレックスがある女性が、整形手術を受けて別人のような顔になり「やっと自分に自信がつきました」と微笑《ほほえ》みながら話している番組が話題になりました。日本でも同じようなコンセプトの番組がありました。

この場合は、あきらかに「容姿」に自信がないことが始まりで、レベルも一番深刻です。ですから、この女性は、そこに集中したのです。

シカさん。このケースをどう思いますか？　自分も同じだと思いますか？　それとも、そこまで深刻なコンプレックスはないと感じますか？

「体型」も同じですね。シカさんは、「体型」が変われば、自信がつきますか？　ダイエットはもちろんですが、「脂肪吸引《きゅういん》」や「豊胸《ほうきょう》手術」をはじめ「体型を変える」方法はたくさんあります。

それとも、そこまでする気はないけれど、「体型」には自信がないいんだと感じていますか？

4。それでは、シカさん。どうなったら性格に自信がもてるようになるか考えてみませんか？（性格の自信のなさが一番深刻だった場合ですね。容姿か体型が一番なら、それを考えます）

シカさんは家族から「性格がいい」と言われても納得《なっとく》しないいんですよね。信頼できる友達に言われても納得しないいんですよね。では、誰に言われたら納得するんでしょうか？　会社の上司？　社長？……納得しませんよね。恋人ができて、「君は本当に性格がいい」と言っても信用しないでしょう。

シカさん。僕は演劇系の大学で授業をしています。学生達の多くは「プロの俳優になれるかどうか自信がない」と不安を口にします。友達が「絶対になれるよ」と言っても「先生達が言ってくれないと信用できない」と言います。

で、先生達が「なれるよ」と言っても「大学内じゃなくて外の世界の演出家が言わないと信用できない」と言います。で、外部の演出家が言っても「テレビのディレクターが言わないと信用できない」と言います。で、テレビのディレクターが言っても

「有名な映画監督が言わないと信用できない」と言います。有名な映画監督が言っても「日本人監督じゃ、信用できない」と言います。

シカさん。僕が言いたいことが分かるでしょうか。「こうなったら自信をもてる」という根拠を探し続けている限り、終わりはないのです。「自信をもてる絶対的な保証」なんてないのです。

「そんなことない。美人は自信満々だ」と思ったでしょうか？　僕は多くの美人女優が、自信のなさに苦しんでいることを知っています。次々と現れてくる新人の若さと年を重ねていく自分の年齢との狭間《はざま》で、美に対して敏感《びんかん》な人ほど悩むのです。

そして、多くの人が「悩んでいてもしょうがない。自分は自分なんだから」と結論するのです。

あきらめるんじゃないですよ。ちゃんと考えることはしますよ。僕がこの連載で言っているように「考えることと悩むこと」を確実に分けるのです。

「考えること」というのは、肌のツヤとかハリをよくするために何をしたらいいのか、体によい食べ物はなにか、どんなマッサージがいいかと研究し実践《じっせん》することです。

「悩むこと」というのは、「ああ、もうだめだ。老いていく。シワが、シミが。どーしたらいいの⁉　全然、自信ない！」とウダウダすることです。

悩まず、考えれば、やるべきことが見えてきます。「整形手術」を受けて顔を変えた韓国の女性は、悩まないで考えたのです。それは本人の問題で、周りがどうこう言うことではないと僕は思っています。

5。さて、シカさん。どうですか？　シカさんは、考えていますか？　悩んでいますか？

考えているけれど、どうしても「自信なんかもてない」と思っているのでしょうか？

どうして自信がないのか？　僕は、少しきつい言い方になりますが、「自信のなさ」を手放さない人は、その方が快適だからだと思っているのです。

シカさんに対して「自己評価と他者評価が乖離しすぎている」とアドバイスした人は鋭《するど》いと思います。

「自分で自分に悪口を言う」ことの方が「他人から悪口を言われる」より楽《らく》なのです。

「お前はダメだ」と言われるより「私はダメだ」と自分で先に言う方が傷は浅くなります。自分で自分にダメだと言う方が他人に言われるよりはるかに優しいのです。自己嫌悪は自己に優しいのです。

他人の言葉は自分を強引《ごういん》に変えてしまう可能性がありますが、自分の言葉は自分を今のまま置いてくれます。

「どうしてあんなことを言ってしまったんだ」という自己嫌悪は、一人個室でウダウダすることを許してくれます。でも、他人の「どうしてあんなこと言ったの？　ちょっと会いたいんだけど」という言葉は、自分を変えなければいけなくなるのです。自己嫌悪よりはるかに怖《こわ》いのです。

シカさん。以上で僕のアドバイスは終わりです。やりがいのある仕事をちゃんとしている聡明《そうめい》なシカさんなら、「自信のなさ」を考える手順を理解してくれたと思います。

簡単には変わらないかもしれません。でも、ゆっくりと焦《あせ》らず、一歩ずつ、「全てに自信のない」自分を見つめて、対話していければ素敵《すてき》だと思います。

シカさんの相談を真剣に聞いてくれる家族や友人がいるというだけで、シカさんは素敵な人なのです。

相談23

ここ数年好きな人ができず、寂《さび》しいという感情も無くなってしまいました

33歳・女性　島らっきょ

悩みというほどではないかもしれませんが、ここ数年好きな人ができず、寂しいという感情も無くなってしまいました。私はこのままで良いのでしょうか？　私は4年前に会社を辞《や》めて独立し、現在フリーランスで働いています。会社を辞めて在宅で働くようになってから、心が安定し幸福に生きているので、元々人付き合いにストレスを感じていたのかもしれません。

その頃から、ぱったりと好きな人ができなくなりました。誰かに少しときめく、みたいなこともありません。20代前半はかなり惚《ほ》れっぽく、付き合ったりフラれたりを繰《く》り返していたのですが（恋愛対象は男性でした）。親は、歳《とし》を取ったら寂しくなるから誰かと結婚した方がいいと言いますし、人は一人では生きていけないともよく言

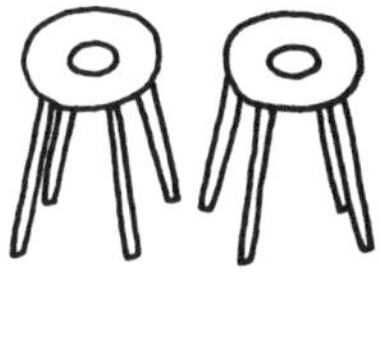

いますよね。私はこのまま一人で生きていってもいいものでしょうか？……

島らっきょさん。いいペンネームですね。島らっきょは美味《おい》しいですよね。島らっきょを食べると「おお、まるで沖縄にいるみたいだ」としみじみしますよね。これで隣《となり》に「海ぶどう」でもあれば最高ですよね。泡盛《あわもり》をちびちび飲みながら、島らっきょ食べて、海ぶどう食べて、ソーミンチャンプルーも食べれば気持ちは南の島ですね。

それで、なんでしたっけ？「私はこのまま一人で生きていってもいいものでしょうか？」ですか？

だって、島らっきょさんは、今、フリーランスで「会社を辞めて在宅で働くようになってから、心が安定し幸福に生きている」んでしょう？　だったら、何の問題もないじゃないですか。

えっ？「歳を取ったら寂しくなるから誰かと結婚した方がいい」と親に言われた？それで無理して結婚して、今よりもっと寂しくなったらどうしますか？

一人じゃなくて、結婚しているからこそ寂しくてたまらないという相談が毎月、たくさん寄せられます。「一人でいる孤独《こどく》」と「家族の中で感じる孤独」は全然違いますからね。

「寂しさ」とか「世間体《せけんてい》」とか「親のプレッシャー」で結婚して、夫や妻や子供がいるのに寂しくてたまらない人は残念ながらいます。

「人は一人では生きていけない」とは確かによく言われますね。でもその解決策がイコール「結婚」ではないと僕は思います。友人だったり、家族だったり、隣近所だったり、恋人だったり、さまざまでしょう。

島らっきょさん。今は、今の生活を楽しむことを優先したらいいんじゃないですか。だって、快適なんですから。

もし、寂しくてたまらなくなる時が来たら、その時に対応すればいいだけだと僕は思いますよ。

「お腹《なか》が空《す》く時のために、今から食べておく」ってのは、意味がないと思っています。お腹が空けば食べればいい。寂しくてたまらなくなったら、友達や家族と会ったり、マッチング・アプリを利用したり、ネットで探して趣味のサークルやイベントに参加したり、推《お》しを作ったりして、寂しさを克服《こくふく》したり、忘れたり、紛《まぎ》らわせたりしたらいいと思います。

そして、その中で「この人と一緒《いっしょ》にいたい」と思う人が現れたら、同棲《どうせい》とか結婚を考えたらいいんじゃないでしょうか。

どうですか。島らっきょさん。当り前すぎて拍子《ひょうし》抜けするアドバイスでしたか？

でも、繰り返しますが「親の圧力」や「世間体」や「寂しさ」や「老後」で結婚を選ぶのは、賢《かしこ》い方法だとは僕には思えないのです。

今は無理せず、世間に振り回されることなく、島らっきょさんが一番快適な生き方をすることが一番素敵《すてき》だと僕は思います。

沖縄でダイビングするのはとても派手《はで》な幸せですが、泡盛を飲みながら、東京で島らっきょを食べる日常もまた、最高に素敵なことだと僕は思っているのです。

相談24

76歳の母親が万引きをして、警察署に迎えに行きました

51歳・男性　ノルマンディー

鴻上さん。いつも『ほがらか人生相談』を楽しく拝見させていただいております。

まさか、私自身が相談することは無いだろうと思っていましたが投稿させて頂きます。

今日、実家の最寄《もよ》り警察署から突然連絡があり、私の76歳の母親が万引きをして警察署で取り調べ中なので、母親を迎えに来てもらいたいとの事でした。

母親は実家で父親と二人暮らしです。実家に連絡をしたが留守《るす》だったので、担当の警察官は私に連絡したそうです。警察署に母親を迎えに行くと、担当の警察官からは初犯《しょはん》なので、今回は厳重注意とするが、再度、万引きで捕まると大変な事になるので、また万引きしないように家族で対応してくださいと言われ、誓約書《せいやくしょ》的な書類に署名と

捺印《なついん》をしてきました。

引き取り後、母親に万引きをした理由を聞きましたが、本当の理由を言っているようには感じませんでした。母親に金銭的に困ってないかと聞いても息子には弱みを見せたくないのか「大丈夫」としか答えません。母親は年齢のわりには大変元気で物忘れもひどくありません。これまで、私の2人の娘に誕生日や正月にはお小遣《こづか》いをあげたり、旬《しゅん》の果物を買っては家まで持ってきてくれたりとお金に困っている様子はなかったので今回の件に関しては驚いています。

私は10代のころ、度々《たびたび》警察にお世話になり、両親に迷惑を掛《か》けていたので、逆の立場となりましたが、母親に迷惑を掛けられたとは思っていません。私の家族や兄弟、そして父親にも今回の件は口外《こうがい》しないつもりです。

この先、母親とはこれまでどおり接していこうと思いますが、「なぜ、万引きをしてしまったのか?」「また万引きをしないか?」「金銭的に困ってはいないのか?」いろいろと考えてしまいます。

鴻上さんでしたら、どのように対応していきますか?

ノルマンディーさん。大変ですね。僕だったら、どのように対応するかですね。

まずは、ノルマンディーさんも書いているように、「金銭的に困っているかどうか」をはっきりさせると思いますね。

そのためには、頻繁《ひんぱん》に実家に戻る必要があると思います。月に何度も帰れる余裕はありますか？　仕事と時間と金銭の余裕ですね。

ノルマンディーさんの実家は、どれぐらい遠くにあるんでしょうか？　文面からすると、その日のうちに警察署に迎えにいけたようですから、飛行機を使う長距離ではないのでしょうか。

もし、何度も帰れないという場合は、兄弟がいると書かれていますから、信頼できそうなら打ち明けて、分担《ぶんたん》することをお勧《すす》めします。

兄弟で母親の状態を見極めるようにすれば、ノルマンディーさんの負担はぐっと減ると思います。父親には言わない方がいいと僕も思います。母親と同居している父親が知ったら、ずっと万引きのことを母親に黙《だま》っていることは難しいと思います。同居してない息子達とはそこが違います。

母親は父親と同居ですから、実家に帰るだけではなく、父親にも経済的状態をそれとなく聞くといいと思います。何回か、何日か訪ねれば、ある程度は実家の経済状態が分かるんじゃないでしょうか。

もし、経済的に困窮《こんきゅう》していて万引きをしたのだとしたら、対応もはっきりしてきますね。ノルマンディーさんを含めた子供達で経済的援助をするとか、両親の生活を見直すとかいろいろと方法はあるでしょう。

金銭的には困ってないのに万引きした場合は、何らかの精神的な原因だと考えられますね。

「母親は年齢のわりには大変元気で物忘れもひどくありません」ということですから、認知症関係の予兆《よちょう》ということではないのでしょう。

そうすると、何らかの精神的なストレスや孤独《こどく》、不安などが原因かもしれません。万引きが、ある精神状態のサイン、例《たと》えば「悲鳴《ひめい》」とかの場合です。

「私は10代のころ、度々警察にお世話になり、両親に迷惑を掛けていた」と書かれていますが、ノルマンディーさんは万引きをしたことはないですか？　もしあれば、経済的な面以外の動機も想像つくんじゃないですか？　生活の不満とかストレスとか冒険心とか、ですかね。

やっぱり、実家に帰って確かめる必要があると思います。

まずは、頻繁に帰って（無理なら兄弟と分担して）、さりげなく過ごすことをお勧めします。母親もいろいろと聞かれることは嫌《いや》でしょうから、普通の日常生活を送るのがいいと思います。兄弟に打ち明けた場合は、絶対に母親には万引きを知っていると気づかれないことが大切ですね。

実家での生活をしばらく経験してみて、母親の精神状態をどう感じるか。何も特別な感じがしなければ、父親にそれとなく聞いてみるのがいいと思います。

母親が最近なにか悩んでいることはないか、父親と母親の会話はあるのか、うまくコミュニケイトできているのか。

もし、母親の孤独や不安が原因だとしたら、母親の生活を見直す手伝いをすることも必要になるでしょう。命令するのではなく、あくまで手伝いですが。

母親が小さな世界で悶々《もんもん》として、生活の楽しさを見いだせてないようなら、ネットで同世代の交流会を見つけるとか、趣味のサークルを紹介するとか、気分転換の旅行や観劇に一緒《いっしょ》に出かけるとか。

そうやって、母親が言葉にしないことにひとつひとつ近づいていくことが大切なんじゃないかと思います。

どうですか、ノルマンディーさん。僕ならこうします。

相談25

1年前に死んだ父を許すことが出来ず、夢にでてくる父を殺そうとしてしまいます

54歳・女性　りんごすたー

1年前に死んだ父を許すことが出来ないでいます。父は大企業に勤《つと》めるサラリーマンで、実家も裕福な家庭でしたが、甘やかされたのか全く人徳《じんとく》の無い人でした。特に家庭を大事にするという気持ちの無い人で、外面《そとづら》はとてもよく、企業人としてはとても仕事のできる人だったと思いますが、母や私たち姉弟に気に入らない事があるとすぐ殴《なぐ》ったり叩《たた》いたりする人でした。

私は小さい時からいつも、すでに諦《あきら》めて抵抗する事もない母と小さい弟をかばう役目で、精神的に鬱屈《うっくつ》しながら大人になりました。父と母は熟年離婚し、その後は私も長く父とは絶縁《ぜつえん》状態だったのですが、1年前に自宅で孤独死《こどくし》していました。発見者は母との離婚と前後して一緒《いっしょ》に暮らしていた（10年経《た》って同居は解消したようですが、

行き来はあったようです）パートナーで、当然ながら長女である私に警察からの連絡がきて、既《すで》に離婚している母は全くの部外者であり、弟は東京で商売をしているため直《す》ぐには来られず、警察とのやり取りや葬儀、その他すべての手続き、納骨と方々《ほうぼう》への連絡、そして父のパートナーであった女性との遺品の整理など、粛々《しゅくしゅく》と私なりに角《かど》が立たぬよう細心《さいしん》の注意を払ってやり終わりました。

先月一周忌《いっしゅうき》を終え、自分の中では一区切りついたと思っているのですが、未《いま》だ夢の中に父は現れ、私はたいてい父とがっぷり四《よ》つになって殺すか殺されるかくらいの取っ組み合いをしています。口汚い言葉で罵《のの》り、脂汗《あぶらあせ》をかいて飛び起きることもあります。絶縁していた頃だって憎《にく》んではいましたし、夢を見る事はありましたが、父が死ねば忘れるだろうと思っていたのに、そして死んだと聞いた時は「これでやっと終わる」とさえ思ったのに、未だに夢の中ではあれども、もう死んだ父をさらに殺そうとしている自分をどうしたらよいのかと悩んでいます。なかなか他人には話しにくいことで、ふと鴻上さんにメッセージを送ってみようか、という気になりました。どうぞ宜《よろ》しくお願い致します。

りんごすたーさん。大変ですね。苦しいでしょう。

でもね、僕は、今のりんごすたーさんには、「死んだ父をさらに殺そう」とすることが必要なんだと思いますよ。

それぐらいりんごすたーさんの魂《たましい》は、父親に苦しめられていたのです。

「父が死ねば忘れるだろう」と思っていて、死んだと聞いた時は「これでやっと終わる」と思ったんですよね。

でも、逆に言えば、死んだからこそ、今までりんごすたーさんの心深く静めていた、父親への思いが噴《ふ》き出したとも考えられませんか。

僕はその怒《いか》りは、止める必要はないと思います。

夢だけではなく、起きている時に、父親に対して思っていたこと、今なお思っていることを吐《は》き出すのがいいと思います。

もし、苦しくて苦しくて、毎晩、寝るのがつらいという場合は、すぐにでもカウンセリングの門を叩くことをお勧《すす》めします。

りんごすたーさんを苦しめた思いを人に話すことはとても大切なことです。

もし、カウンセリングはちょっとと思うなら、次のような方法もあります。

有名な方法ですが、目の前に椅子《いす》を用意して、そこに父親が座っているとイメージするのです。もし耐《た》えられるなら父親の写真を置くとか、写真では生々しすぎてダメな場合は父親の遺品とかイメージする何かを置きます。

これはマストではなく、イメージしやすいかどうかだけです。そんなものがなくても、父親をすぐに想像できるという場合は不要でしょう。

そこにいる父親に、あの当時言えなかったこと、死んだからこそ言えることを言うのです。

結構大きな声になるかもしれませんから、誰もいない時に、壁の薄《うす》くない部屋でやることをお勧めします。

でも、何度やってもやっても、心の中の怒りやわだかまりがとれないようなら、やっぱり、僕はカウンセリングを受けることをお勧めします。共に旅するパートナーを見つけるのです。

りんごすたーさんが父親の苦しみを本当に抜け出して、新しい一歩を踏《ふ》み出すための手続きです。

りんごすたーさんの魂を癒《い》やすためには、まだまだ時間がかかると思います。それは決して恥《はじ》でもなければ、問題でもありません。だって、長い長い時間、りんごすたーさんは父親に苦しめられたのですから。そんなに簡単に忘れられて、怒りを乗り越えられるわけないのです。

ゆっくりゆっくり、自分の魂を癒やす旅を続けて下さい。大丈夫。間違いなくいつか旅は終わります。それまで焦《あせ》らず、あわてず、一歩一歩。

りんごすたーさんの旅を心から応援します。

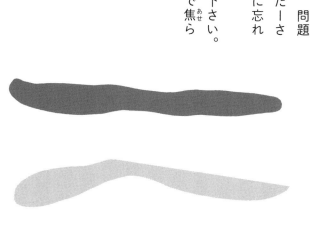

相談26

夫と2人でテーマパークに行ったら「お互い40超えてるんだろ？ 気持ち悪い」と職場で言われました

46歳・女性 ふーの

私はもう世間で言うアラフィフです。一人娘は巣立ち実家を離れ、今は同《おな》い歳《どし》の夫と猫と暮らしています。私も夫もいい歳で喧嘩《けんか》もそれなりにしますが、昔から夫とは趣味や価値観が合い、今でも2人でよく出掛けたり一緒《いっしょ》にドラマを観《み》たり、ゲームをしたりしています。

そして先日、夫と2人でテーマパークへ出掛け（コロナがかなり下火《したび》だった頃です）、職場にお土産《みやげ》を持って行きました。

すると職場の人から「誰と行ったの？ 娘と？」と聞かれ「いえ、夫とです」と答えたところ、皆が口を揃《そろ》え「本当に？ 旦那《だんな》と2人で行くなんて信じられない」「話もしたくないし、寝室も別々だ」「同じ空気も吸いたくない」と言われ、60代のオジサンからは「もうお互い40超えてるんだろ？　気持ち悪い。普通は亭主《ていしゅ》元気で留守《るす》がいい！だろ」とまで言われました。

そんなに私と夫の夫婦仲は異質なんだと驚き、思わず「嫌々《いやいや》行きました。仕方なくです」と言ってしまいました。

私は元々、人付き合いが苦手で両親は他界しておりきょうだいも友達もおらず、唯《ゆい》一《いっ》本音で話せるのは夫しかいません。

それについて深く考える事はありませんでしたが、というか考えないようにしてたのかもしれませんが、この先、夫が私より先立ってしまった際はどうすれば良いのか……娘は半日ほどかかる遠方に住んでおり迷惑かけたくないし……という思いで悶々《もんもん》とするようになりました。

夫と距離を置くようにすれば良いのでしょうか？

でも日本人特有の身内を卑下《ひげ》するような、愚妻《ぐさい》や愚息《ぐそく》というような言葉がある文化に反発する気持ちもあり、世間《せけん》とズレているような自分の気持ちがわからないです。

こんな相談で申し訳ないですが、ご教授頂けるとありがたいです。どうか宜《よろ》しくお願いします。

…………………………………………………………………………………………………

ふーのさん。僕は嬉《うれ》しいです。久しぶりに『ほがらか人生相談』の「ほがらか」に相応《ふさわ》しい相談が来ました。いいじゃないですか。46歳で夫と二人でテーマパーク！　なんて素晴《すば》らしい！

　これは目指そうと思ってもできることじゃないですからね。いえ、きっと職場の人達も、結婚した時は、「ずっと一緒がいいね。いくつになってもテーマパークに行ける関係でいようね」と思っていたはずです。

　結婚当初から「ふふっ。今の良好な関係は子供ができるまでのことよ」なんて達観《たっかん》している夫婦はなかなかいないと思います。

　でも、いろんな理由で「同じ空気も吸いたくない」なんて状態になるんですね。それは各人《かくじん》の事情ですから、嘆《なげ》いても文句《もんく》言ってもしょうがないでしょう。

　ただ、そうなってしまった人達は胸を張って「どうだ、同じ空気も吸いたくない状況になったぞ、すごいだろう！」とは思ってないでしょう。なんとなく残念で哀《かな》しくて私は失敗したのかなあと思っていたら、「おやおや、職場のみんなも同じじゃないの。よかったあ」となっているのだと思います。

そこに夫とテーマパークのふーのさんですよ。ね、職場のみんなが騒ぐ理由が分かるでしょう?

ふーのさんは「そんなに私と夫の夫婦仲は異質なんだと驚き」「世間とズレているような自分の気持ちがわからない」と書かれていますが、どんな「世間」か、注意深く見た方がいいと思います。

確かに、ふーのさんが書かれているように、「日本人特有の身内を卑下するような、愚妻や愚息というような言葉がある文化」だから、あえて「話もしたくない」と言っている人もいるでしょう。

日本人は「世間」に遠慮して、自分の幸福を語らないのが規範ですからね。有給取って旅行に行っても、職場でお土産を配りながら「ものすごく楽しかったです!」と言う人はまだ少数ですね。多くは、「いやあ、疲れました」とか「天気が悪くて」「渋滞がひどくて」と「自分だけがいい目を見たんじゃないですからね。休暇先でちゃんとひどい目にあってますからね。私を責《せ》めないで下さいね」と予防線を張る事が、「世間」を生きる知恵でしたからね。

でも、少しずつ、「すっごく楽しかったです!」と胸を張って言う人が増えてきて、それに「良かったねえ」「リフレッシュできたね」と返せる人も増えてきたと思います（もちろん、職場がブラックだとなかなか言えないんですよね。みんな苦労しているのに、なんでお前だけと、身近な〝敵〟を作って発散したくなりますからね）。ですから、僕も自分がどんなに忙しくても、休暇を楽しんだ人に対してちゃんと「良かったねえ」と言える人間であり続けたいと思っています。だって、楽しかったことを楽しいと言える方が精神衛生上、はるかに健全だと思いますからね。

で、そういう「自分も大変なの」アピールをする人だけではなく、本当に家庭内別居状態の人とか、離婚まで秒読みの人も「同じ空気も吸いたくない」と言っていると考えられます。つまり、ふーのさんが「世間」だと思っている職場には、かなりの温度差があって、それをひとつの「世間」とまとめるのはかなりムリがあるんじゃないかと僕は思っているのです。

かなり違っている集団に対して、自分は異質だと決めるのは早計《そうけい》だということです。と書いていますが、ふーのさんがとても幸せな状況にあることは間違いないわけで、相談って何でしたっけ？

えっ？「この先、夫が私より先立ってしまった際はどうすれば良いのか」「夫と距離を置くようにすれば良いのでしょうか」ですって？

そんないつになるか分からない時のために、今から心配したり我慢《がまん》したりするなんて、バカバカしいでしょう？

ふーのさんがすべきことは、これからも夫と楽しく食事に行き、旅行し、二人の時間を満喫《まんきつ》することでしょう。

そして、そのことを職場ではいっさい言わず、お土産は買わず、職場のみんなを刺激しないことです。

ひょっとしたら、職場の人の夫婦関係が見えてきて、「ああ、この人はわざと卑下して言ってる」「この人は、本当に家庭が冷えきっている」と分かるかもしれません。でもまあ、余計なお世話で、ふーのさんは夫とほがらかな時間を過ごすことをお勧《すす》めします。いやもう、なんて素敵《すてき》！

相談27

25年間も続いている学歴コンプレックス。苦しくて仕方ありません

41歳・男性　うっちー

私は41歳の地方公務員をしている男性です。私の中にある学歴コンプレックスが消えないことで、相談したくて投稿しました。

私は中学校までは学校の成績は悪くなく（上位10％から悪くて20％）、高校も県内一番の進学校に入学しましたが、中の下ぐらいの成績で1年浪人後、地方国立大学に入学して無事4年で卒業し、現在に至《いた》ります（一旦《いったん》民間企業に就職しましたが、辞《や》めて公務員浪人はしています）。

中学時代までは良い成績を取ることで自尊心を保っていて、引っ込み思案《じあん》で友達も少なく、運動が全くダメなこともあり、優秀な成績を取ることのみが自分の価値だと思っていました。

コンプレックスを抱《いだ》くようになったのは、高校時代自分より成績が良い人、秀才、天才を多数見たことで、人生は努力でどうにもならないこともあると思ってしまったことが始まりです。高校2年の途中までは数学教師になりたいと思っていたのが、数学を含め成績が悪くなり、勉強に対するモチベーションが上がらなくなりました。文転《ぶんてん》して進学した大学もセンター試験の結果が悪く、ランクを下げて入ったもので、進学校から1年浪人したにもかかわらず、第1希望の大学に入れなかったのを根《ね》に持っています。最初は合格して嬉《うれ》しかった気持ちが、高校の同級生にも「浪人してたのになぜこの大学?」と暗に言われたことや親戚にも微妙な反応をされたことで気持ちが萎《な》えました。

そこから家庭環境、両親のせいにしてしまい、大学に進学している従兄弟《いとこ》、叔父《おじ》は皆自分より偏差値の高い大学に進学していることもあり、大学時代はやさぐれていたこともありました。

高校時代は勉強の進め方が計画的に、効率的に出来ていなかったと思うので、社会人になって工夫して仕事ができている今となればもう少し何か出来たのではないか?と思うと、若い時だから仕方ない部分があるとはいえ悔《くや》しくなります。

モチベーションの有無も仕方がない部分があるとはいえ、若い時から目標が見つかって夢を叶《かな》えている人もいる中、コンプレックスの解消方法が自分の中で処理しきれていません。

仕事で出世《しゅっせ》すれば解消されるかもしれないし、学生時代の失敗があっても、その期間は十数年しかなく、その先50年から60年の人生で充実していればいいと思うようにもしてきましたが、生きていく上でどうしても学歴はつきまとってきます。

特に期限までに成果を上げられなかったこと、大学に進学しようとする意欲のなさ、工夫のなさ、自分の学歴から社会人としても欠陥《けっかん》があるように思ってしまい、罪人が一生かけて罪を償《つぐな》う気分です。

25年も学歴コンプレックスが続いているのが苦しくて仕方ありません。何とかしたいです！

うっちーさん。苦しくて仕方ないですか。じつは、『ほがらか人生相談』には、うっちーさんとまったく同じ悩みの相談がいくつも寄せられています。自分の学歴を、もう何十年もたっているのに、後悔し嘆《なげ》き続けている相談です。毒《どく》

親《おや》に関する相談ほど多くはないですが、それでも一定数、いつも送られてきます。担当編集者が、答えた方がいいんじゃないかとアドバイスしてくれました。

僕の知り合いでも、大学時代、友人達に黙《だま》って仮面浪人のまま、四年間毎年、別な大学を受験し続けた人がいました。それは、納得《なっとく》していない大学に通うことに耐《た》えられなかったからです。その事実を後から知った時には驚きましたが、全然理解できないわけではありませんでした。

結局、意に沿《そ》わぬ大学を卒業して、就職で苦労しても、社会人になると、知人は現実生活における大学の位置を冷静に見られるようになり、受験を続けることをやめました。知人の本当の内面は分かりませんが、その後話していて、学歴コンプレックスを気にするより、仕事の話に熱中しているようで、僕はホッとしました。

さて、うっちーさん。「生きていく上でどうしても学歴はつきまとってきます」と書かれていますが、どう「つきまとう」のでしょうか?

「偏差値65以下の大学を出ている人は、この仕事は受注できません」とか「今日のミーティングは、偏差値65以上の大学出身者だけ集まって下さい」なんて、毎日言われてるんでしょうか。

冗談みたいに書いているのは、「つきまとっている」状況が、僕にはよく分からないからです。

入社する時なら分かりますよ。大学のランクで線引きされたり、大卒・高卒で分けられることもあるでしょう。

その後の仕事の内容も、学歴で決まることもあるでしょう。ですから、どうしても納得できない場合は、やりたい仕事のために資格を取ったり、学校に通ったり、転職したりするのだと思います。

国立大学を出て、地方公務員になっているうっちーさんの毎日に、学歴はどう「つきまとっている」のですか？

仕事が厳しく制限されてます？「××大学出身者の出世はここまでが限度」と毎日言われています？　それは仕事を考える以上に突きつけられることですか？

「だから××大学は使えないんだよ」とか「××大学の奴《やつ》はバカばっかりだよ」なんて心ない言葉を浴びる可能性はあるでしょう。

でもそれは、「××大学」だから自動的に投げつけられるのではなく、取引に失敗したり、仕事がうまくいかなかったから言われるんだと思うのです。

大学生の時なら、好きな人に「××大学」と言って、大学のランクでその後が変わることはあったでしょう。でも、社会人となって、仕事をしている時に「××大学出身なんだ」と名乗って、それですべてがダメになる、もしくはとんとんとすべてがうまくいく、なんてことがあるのかなと僕は思います。

うっちーさん。どうですか？　うっちーさんの社会生活や仕事の現場に、そんなに「学歴はつきまとって」いますか？

僕は、毎日の社会生活や仕事ではなく、うっちーさんの意識に、つまり頭の中に「学歴はつきまとって」いるんだと思います。

うっちーさんの文章を読んでいると、自分の人生が自分で望むものになってない原因は、ただひとつ、学歴だと言っているように感じます。

学歴さえ変わっていたら、自分の人生はまったく違っていたはずで、不満足な学歴になった瞬間から、自分の人生は自分が満足するものではなくなったと思っているんじゃないでしょうか。

すべてうまくいかない原因は、学歴なんだということですね。学歴だけが問題ですから、学歴さえ憎《にく》んでいたら、今の自分を見つめる必要はなくなりますね。仕事のスキルとか対人関係の能力とか言葉の表現力とかはいっさい関係なく、自分の人生がうまくいってないのは、学歴なんだとはっきりしているんですね。

　少しきつい言い方をしますよ。

　分かりやすいドラマでは、こういう人物はよく出てきますね。うまくいかない原因を、たったひとつの分かりやすいものに決める人です。「私がこうなったのはあいつが原因」「家柄《いえがら》が原因」「貧乏が原因」「教師の無理解が原因」……。それらは、間違いなく原因の大部分であっても、総《すべ》てではないと見ていて感じます。

　うっちーさん。学歴コンプレックスは、「仕事で出世すれば解消されるかもしれないし」と他人事《ひとごと》のように書いてるということは、残念ながら今のところは出世してないということですか。その総ての原因は学歴ですか？　ノンキャリアのぎりぎりまで出世したけれど、そこからはどうしようもない、ということですか？

　うっちーさんは、第一志望の大学に入れなかったことを「家庭環

境、両親のせいにして」しまったんですよね。

　そして今は、人生の問題を全部、学歴のせいにしていると感じませんか？

　僕は以前、この連載で、「悩んでなんとかなることと、ならないことを区別する」と書きました。

　ここまで読んでもらって、それでも「学歴コンプレックスは絶対に消えないんだ」と感じるのでしたら、思い切ってかつての第一志望校をもう一度受験することをお勧《すす》めします。本気ですよ。25年間苦しんだことを考えれば、一年間、死《し》に物狂《ものぐる》いで勉強するぐらいなんでもないと思います。

　受かっても落ちても、必死にがんばれば、それなりの納得した気持ちになるんじゃないでしょうか。

　もちろん、受験勉強ではなく、今の自分をちゃんと見つめることを始めた方がいいと僕は思います。うっちーさん、どうですか？

相談28

女医は男性医師の顔色を窺《うかが》わなければならない空気があります

24歳・女性　HONAMI

はじめまして。いつも楽しみに拝読させていただいています。

長文の自分語りで本当に申し訳ないのですが、話を聞いていただけたらありがたいです。

私は幼い頃から母子家庭で育ち、現在大学の医学部6年生です。小さい頃から精一《せいいっ》杯《ぱい》努力して医学部に合格しました。それは、父の不倫で田舎《いなか》に出戻った母が、周囲に馬鹿《ばか》にされるのが悔《くや》しかったし、母に楽《らく》をさせたいからでした。またドキュメンタリーや本で見た、患者さんに寄り添う素晴《すば》らしい医者に、男女問わず憧《あこが》れていました。

入学前、私には誇りと、医者という職業に対する期待と情熱がありました。

しかし、今はみずからへの理想を失ってしまいました。医者が他人に対していばる空気、女医が自らを卑下《ひげ》しなければならない空気に違和感を感じてしまいます。
たしかに医者は、人の命を救える素敵《すてき》な職業です。激務をこなす先輩を尊敬もします。ですが、他業種の人や部下、患者を含めた他人に対し、高圧的な人が多いと私は思います。実習が始まってから、医者による看護師や女医、学生へのセクハラやパワハラを日常的に経験しました。また、患者さんへの暴言にはことさら悲しくなってしまいます。

主治医の心ない言葉に傷ついている患者さんもよく見かけます。ただの学生の私は、それをすべて笑って受け流していて、きっとこれからもそうすることが社会で生き残る道なのだと思います。ただ、そんな自分が虚《むな》しく、命を医者に預けるしかない患者さんの、助けて欲しい気持ちを搾取《さくしゅ》して生きているような気がします。これから研修医として働くのに、将来に対して空虚《くうきょ》な思いが募《つの》っています。

女医の立場の低さは、恋愛面で顕著《けんちょ》に感じます。私の男友達は、医学科の女子に優越感を感じているそうです。「高学歴・高収入な女はモテないし、医学科の女子は可愛《かわい》くない。生きている価値がない」から。思えば入学したての時から、「女医は学生のうちに相手を見つけなければその後一生結婚できない！　医学科の男子を捕《つか》まえ

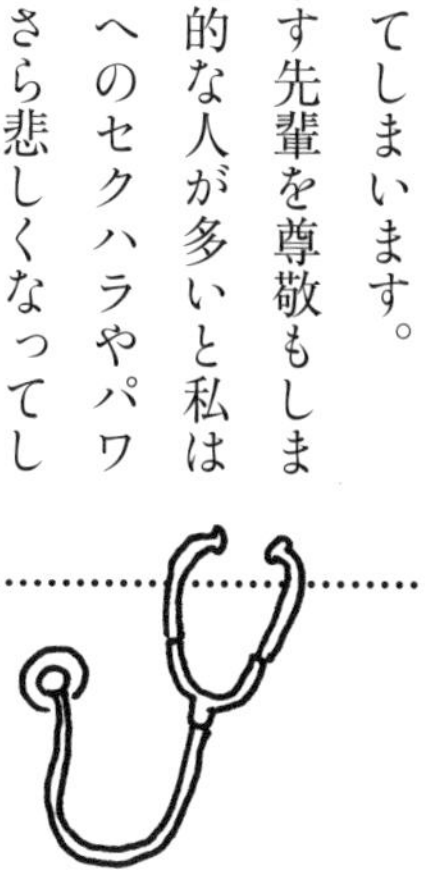

ろ」と女の先輩に教えられました。実際そうなのだとしても、未婚の女性に対する差別意識、結婚や恋愛に対する強迫《きょうはく》観念のようなものがあり、それによって女医は男性医師の顔色を窺わなければならない空気があるように感じます。

私は世界が狭《せま》く、無知で、医者の世界しか知りません。ですがここだけが特別ではなく、誰しもみんな辛《つら》さを耐《た》え忍んでいるのだと想像します。現実と折り合いをつけて明るく前向きに生きていくために、アドバイスをいただけましたら幸《さいわ》いです。

ＨＯＮＡＭＩさん。その後、どうですか？
ＨＯＮＡＭＩさんの相談を受けてから3カ月以上たってしまいました。こんなに時間がかかったのは、どうやってＨＯＮＡＭＩさんの相談に答えようかとずっと考えていたからです。
残念ながら僕には、ＨＯＮＡＭＩさんが求める「現実と折り合いをつけて明るく前向きに生きていくため」のアドバイスができそうにありません。ごめんなさい。
「現実と折り合いをつける」という意味が、ＨＯＮＡＭＩさんが現実に負けて、現実を受け入れ、妥協《だきょう》するという意味なら、そんな必要はまったくないと思っているからです。ＨＯＮＡＭＩさんが悩んでいることに関して、ＨＯＮＡＭＩさんの非はないと思います。

僕はＨＯＮＡＭＩさんの相談を読みながら、うんうんと深くうなづきました。ＨＯＮＡＭＩさんの直面している困難さは、二種類あると思います。ＨＯＮＡＭＩさん個人の力で変えられるものと、なかなか変えられないものです。

一度、僕は芝居の稽古《けいこ》をしている時に激痛に襲われたことがあります。痛すぎてまったく歩けず、タクシーに乗せられて近くの病院に行きました。大きな病院でした。痛すぎて、脂汗《あぶらあせ》が出て、のたうちながら待って、診察の順番がきました。30代の男性でした。

その人は、パソコンの画面を見ながら「どうしました？」と僕に聞きました。僕は病院の窓口で言ったことを繰《く》り返しました。その医者はずっとパソコンの画面を見ていました。そして、質問を続け、一度も僕を見ることはないまま診察を終えました。「尿管結石《にょうかんけっせき》かなあ」なんてことを、画面に向かって言いました。僕は待合室でまた待つように言われて、痛くて座ってられないので、横になってうんうんしていました。すると、女性の医者が「どうしました？」と声をかけてくれました。事情を話すと、すぐに、「痛み止めを打ちましょう」と僕の目を見て言ってくれました。僕には女神《めがみ》様に見えました。

「医者が他人に対していばる空気、女医が自らを卑下しなければならない空気」とHONAMIさんは書かれていますが、前半はHONAMIさんが変えられることなんじゃないでしょうか。周りの医者を反面教師として、HONAMIさんは自分の理想とする医者になれるんじゃないかと思います。大変ですけど、HONAMIさんが決定権を持っています。

ただ、僕を一度も見ないで、ずっとパソコンの画面を見続けた医者は、威張《いば》っているというより、僕を患者ではなく、「症例」と思っている感じがしました。人間扱いされている感じがしなかったんですね。

さて、問題は後半ですね。

「女医が自らを卑下しなければならない空気」、つまり「高学歴・高収入な女はモテないし、医学科の女子は可愛くない」と言われてしまう現実ですね。

今、この相談を読んでいる高学歴の女性達は、みんな深くうなづいているだろうと思います。僕の知り合いの高学歴の女性達の多くは、10代の頃「女の子はそんなに勉強しなくていい」とか「嫁《よめ》の貰《もら》い手がなくなるぞ」と親や親戚から言われたと、こぼしました。

最近は、こういう状況を「ステレオタイプ脅威《きょうい》」と呼ぶ言葉も生まれました。社会科学の用語ですが、社会がステレオタイプとして強制することによって、個人が苦しむ現状ですね。「女性は数学が苦手」や「女性ならではのこまやかな心遣《こころづか》い」なんてステレオタイプに縛《しば》られたり、苦しめられるわけです。

実際のいろんな調査では、女性が数学が不得意だというデータはまったくありませんし、「女性一般が男性一般よりこまやか」なんて科学的なデータもありません。

でも、「ステレオタイプ脅威」として迫《せま》ってきます。「高学歴の女はモテない」という言葉も、事実のような脅威としてHONAMIさんにのしかかってくるんですよね。

このことに関して僕が言えるのは、それは100%の事実ではない、そう思っている男性もいるし、思ってない男性もいる、ということだけです。

モテる、モテないは、とても個人的なことで、一般論で片づけられることではないと思うからです。だって、「欧米では日本人女性はモテるけれど、日本人男性は全くモテない」と言われても、それは１００％の事実ではないですから。たとえそれが一般的な傾向だったとしても、変えられない絶対の事実ではないですから。

だから、僕はＨＯＮＡＭＩさんに、そんな言葉に振り回されないで、焦《あせ》らないで、自棄《やけ》にならないでとしか言いようがないのです。ね、あんまりアドバイスになってないでしょう。ごめんなさい。

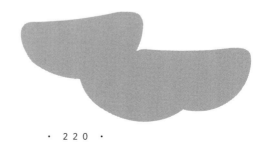

ＨＯＮＡＭＩさんは二種類の困難さに直面していると書きましたが、それはつまり、二重の困難さを抱えているということです。

その状況と「折り合いをつけて明るく前向きに生きていく」アドバイスはやっぱりうまく浮かびません。でも、ＨＯＮＡＭＩさんの相談を紹介することで、「こうやって悩んでいる女性がいるんだ。苦しんでいるのは自分一人だけじゃないんだ」と思う人がいるんじゃないかと思って、こんなアドバイスですが紹介しました。

最後に、僕が心の中でときおり、つぶやく詩を紹介します。脳性マヒに冒《おか》されて、車《くるま》椅子《いす》の詩人として知られるおぞねとしこさんの

『花』という詩の一部です。

さあ　涙をふいて
あなたが花におなりなさい
あなたの花を咲かせなさい

探しても探しても
あなたの望む花がないなら
自分がそれにおなりなさい

詩集『虹色の時』（マイライフ社）

20代の頃、僕はこの詩に出会って、そうなろうと決心しました。

相談29

私が応募した小説の賞を受賞した友人の栄光を喜べません

26歳・女性　ジーンズ

　大学時代から仲がよかった友人との仲で悩んでいます。友人とは文学部で出会い、同じ小説サークルで本の貸し借りをしたり議論をして仲を育《はぐく》んでいました。社会人になってからも、就職先は別々の業界ですが週に1回会っています。
　先日、その友人がとある小説の賞を受賞したと報告してきました。一緒《いっしょ》に喜びたかったのですが、もやもやした違和感を感じている自分に気づきました。
　察《さっ》しの良い方ならお気づきかと思いますが、私も、その賞には応募し、落選しました。腐《くさ》っていたときの出来事だったので、より友人のスターダムがショックだったのかもしれません。
　夫に相談したところ「君よりその友人の方が、容姿《ようし》も学生時代の成績も就職先も劣っているって内心見下《みくだ》してたんじゃない？　それが抜かされた気持ちになって嫉妬《しっと》してるんでしょ」と言われました。言われた瞬間ははっきり否定しましたが、もしかするとそうなのかもしれません。

また、私が仕事で大きなプロジェクトを作った際、友人は喜んでくれず「大変そうだね」「私は残業とかしたくないな」と反応していたことも根《ね》に持っているのだと思います。

私と友人は大学時代こそ仲がよく、共にたくさんの時間を共有してきました。しかし、社会人になってからは働き方の違いや経済感覚の違いから心が遠く感じることが増えました。互いに友人の栄光を喜べないなら、それは友人ではないんじゃないか？と思いますが、旧友を失うのは悲しいなと思います。

時の流れと共に友人が変わっていくのは自然なことでしょうか？　もしくは変わらない友人がいたほうが、人生が豊かになるものでしょうか？

ジーンズさん。そうですか。ジーンズさんが応募した小説の賞を友人が受賞しましたか。それで「一緒に喜びたかったのですが、もやもやした違和感

を感じている」んですね。

一般的には、「友達の入賞を祝えないのは、心が狭《せま》い」とか「入賞を嫉妬している」とか言われるかもしれません。理想としては、友人を心から祝福してあげたいと頭では思います。でも、実際の感情はそうなりません。

それは、「自分も本気で取り組んでいるから」だと僕は思っています。

逆にいえば、「自分にとってどうでもいいこと」は、案外《あんがい》簡単に「おおらかで優しい気持ち」になって、祝福できるんじゃないでしょうか。

例《たと》えばジーンズさんの友達が、「大食いコンテストで優勝した」とか「紙飛行機投げ大会で入賞した」なんてのは、優しい気持ちで祝福できると思います。

でも、「自分も本気で取り組んでいること」で先を越されたら、なかなか、おおらかな気持ちで祝福するのは難しいと思います。それはとても自然な感情だと僕は思うのです。

でも、世の中には「永遠のライバル」なんて呼ばれる二人がいて、お互いが本気で取り組んでいるのに、温かいエールを交換している、なんて例があると思いましたか？

それは、二人がほぼ同じ立場だからできると僕は思っています。勝ったり負けたりしながら、二人が対等だからこそ、お互いにエールを送れるんだと思うのです。

例えば、ジーンズさんが別の文学賞を取っている場合です。これなら、おおらかな気持ちで友人を祝福できるでしょう。

スポーツの世界でいえば、毎年、二人とも世界ランキング10位以内を抜きつ抜かれつしているとか、ベスト4には必ず二人とも入るなんて場合です。こういう状況だと、「次こそは自分が勝つ」と簡単に思えて、ライバルに対して「悔《くや》しいけれど、相手のがんばりを祝福しよう」と思えるんじゃないでしょうか。

でも、片方が世界ランキングの常時5位以内で、自分は世界ランキングの千位にも入ってない、なんて場合は、おおらかに祝福している場合じゃないと思います。それは、繰《く》り返しますが、その選手が「本気で取り組んでいる」からです。相手をほめる前に「いったい、自分は何をやっているんだ」という嵐のような感情が噴《ふ》き出すのだと思います。

ですから、もう選手をやめるという時期がきたら、初めて優しい気持ちで相手を祝福できるかもしれません。

ジーンズさん。「仕事で大きなプロジェクトを作った際、友人は喜んでくれず『大変そうだね』『私は残業とかしたくないな』」と友達が反応したのは、ひょっとしたら、友達は社会人としてバリバリ働くジーンズさんに嫉妬したかもしれないと僕は思います。

社会人として、早く結果を出したい、でも自分はまだ何もなし得ていない、そんな焦《あせ》りの時期に、ジーンズさんの「大きなプロジェクト」の話を聞いて、素直に祝福できなかったのかもしれないと思うのです。または、内心、もう小説家になることを決めていて、本当に社会人としての活動に関心がなかったのかもしれません。

学生時代、「同じ小説サークルで本の貸し借りをしたり議論をして仲を育んで」いる時期は、二人とも仕事にも作家になることにも本気ではない時期です。けれど、ジーンズさんも友人も、大人になって本気になったのだと思います。

「時の流れと共に友人が変わっていくのは自然なことでしょうか?」とジーンズさんは書かれていますが、時の流れと共に「真剣になる対象」が変わっていく以上、友人が変わっていくことはしょうがないと僕は思っています。

話題があわなくなるとか、会う時間がなくなる、という場合だけじゃないですよ。

真剣な分野で友人と対立する可能性が増えてくるということです。

僕は、劇団を作った時、親友に会社をやめてプロデューサーになってくれないかと頼みました。プロとして自活していくためには、会社勤《づと》めの経験がある親友が必要だったのです。親友は劇団に来ることを決断してくれましたが、その時僕は、「親友を失った」と覚悟しました。

予算やスケジュールの話で真剣にぶつかる相手は、ビジネスパートナーであって親友ではありえない。というか、親友である立場のままでは、そういう仕事はできないと僕は思ったのです。

「変わらない友人がいたほうが、人生が豊かになるものでしょうか？」とジーンズさんは問い掛けますが、僕もそう思います。でも、それは本当に難しい。

昔から、「趣味の友達は長続きする」と言われるのは、趣味を気楽に楽しむ関係だからです。

仕事関係の友達では「真剣な分野」での競争が始まりがちで、同級生友達もお互いが人生のステイタス（自分やパートナーの年収とか役職とか）に真剣になってしまうと、楽しい関係ではなくなります。ただし、趣味の友達でも、ただ楽しむだけではなく、全国コンテストで競うような真剣な関係になったら難しいかもしれません。

さて、ジーンズさん。友達関係について僕が言えるのはここまでです。ここからは、ジーンズさんのチョイスだと思います。

友人がくれる喜びと苦しみ、友人を失う痛みと安堵《あんど》、友人とのつきあい方の濃度、さまざまなことをじっくりと考えて、ジーンズさんが結論を出すのがいいと思います。

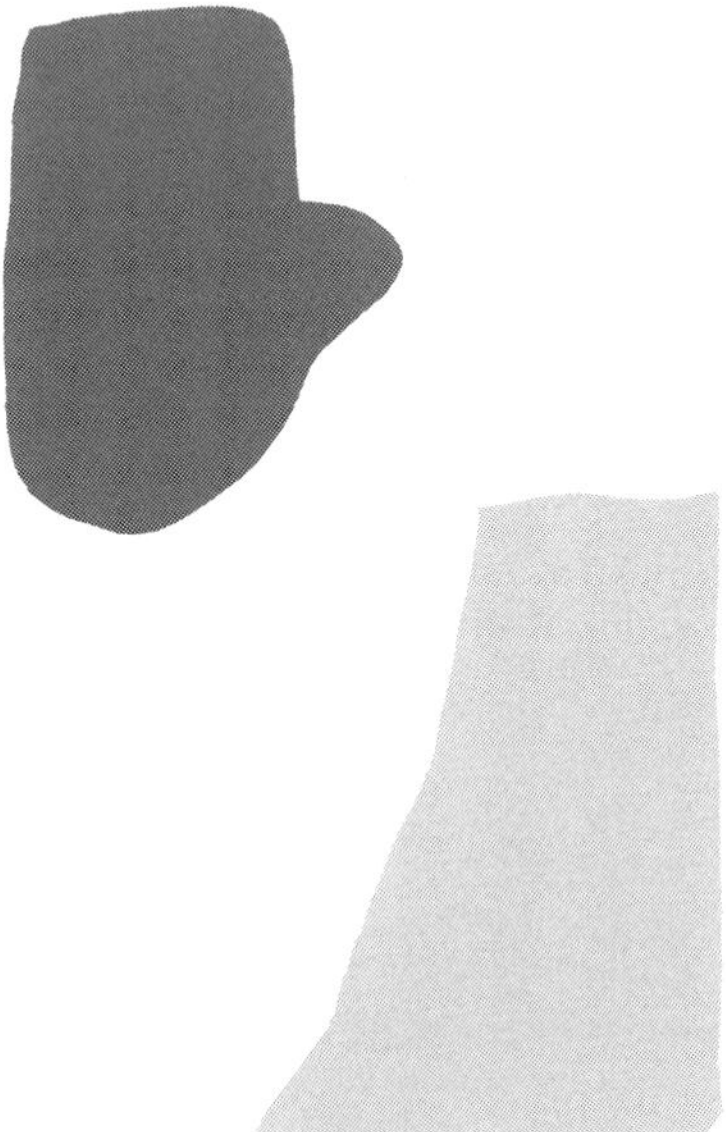

相談30

風俗店で働く女性に総額200万円を振り込んだが、LINEをブロックされてしまい、苦しいです

43歳・男性　ほんだ33

初めまして。いつも拝見しておりますが、自分には無い視点での回答に、そんな見方もあったんだと感心しています。

今回、相談することにとても躊躇《ちゅうちょ》しました。センシティブな内容であり、こちらでは取り上げられない相談内容だと思ったためです。

しかし弁護士などに相談したところ、同様の相談はたくさんあるということでした。おそらく相談したくてもこういったところには相談できない人が多くいると思いました。恥《は》ずかしい話ですが、そうした方たちのためにも今回送らせていただきました。

ちょうど2年前の1月になりますが、とある女性と偶然出会いました。その女性は吉原《よしわら》の風俗店で働く女性です。

私はそういった所に稀《まれ》にしか行かないのですが、たまたま訪れ、偶然にその方と会いました。その方にLINEを交換しようと言われたのですが、私は再び会うつもりはなかったので、「営業されても私は来ない」と言いました。すると「別に構わない、時々何を食べたとか送ったりするだけでいいよ」と言われ、それならとLINEを交換しました。

それからは本当に日常会話を時々やり取りするだけの関係でしたが、徐々《じょじょ》に好意を抱《いだ》いている自分にも気が付き悩むようになりました。

そして4月になり、東京は新型コロナによる緊急事態宣言になりました。その女性はアパレルの仕事も行っており、両方のお店が休業となってお金に困っているという話になりました。家族の借金のために吉原で働いており返済が難しいということでした。

私は好意を持っていたこともあり、1か月の生活費くらいは渡せるよ、と話し、振り込みました。それからは時々振り込みをしたり、お店に行ったりして関係は深くなっていったように思います。好きであることも伝え、その女性も感謝しているし返済が終わったら付き合うと言ってもらえたので、私も頑張って早く返済が終わるように

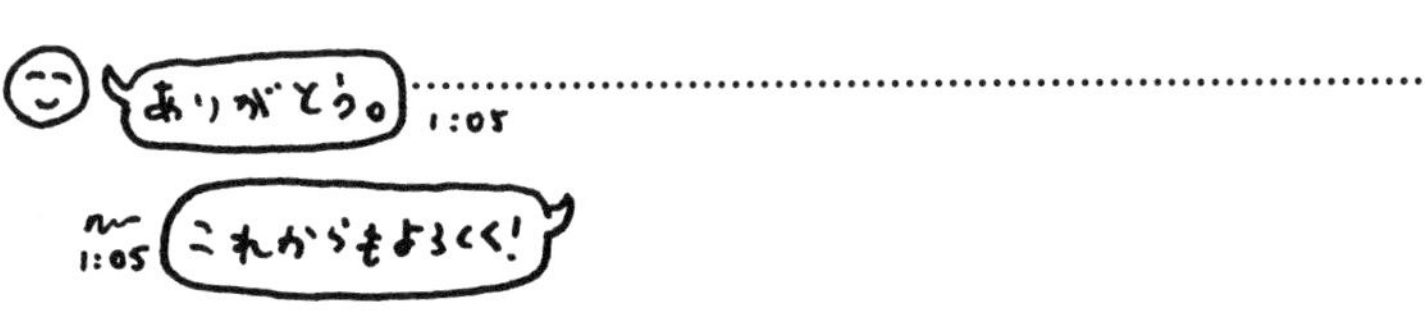
ありがとう。
1:05
これからもよろしく!
1:05

と思ってしまったのです。

もちろんその約束に不安はあったので何度も確認しました。年齢もあるし後で気が変わったと言われても困る、口だけならきちんと言って欲しいと。そのたびにそんなことはないと言われ、信じてしまったのです。

総額では200万以上振り込んでいました。

今年1月半ばですが、その女性が2月で吉原のお店を辞《や》めるということが分かりました。借金の目途《めど》も立ったこと、体調の問題もあって辞めるとのことでした。そしてはっきりと説明がなかったのですが、もう会うつもりがないような雰囲気《ふんいき》でした。

それで驚いて少し感情的なLINEを送ってしまいました。怒ったりしたわけではありません。約束と違うけどどうしたのか？　説明してほしいという内容を送りました。するとLINEをブロックされ、お店にも連絡が取れないように手を回したようでした。

この時点でも騙《だま》されたことには気づきませんでした。何度過去のLINEを見返しても騙していると思えなかったのです。何かあったのではないか、何とか話し合いたいと思ったのです。数人の弁護士に相談して、よくある話だと言われ、最近ようやく騙されたことに気づいたほどです。

ご相談したいのは、これからどういう気持ちで生きていけばいいのかということです。

というのは、愚《おろ》かなことですが私はその女性と結婚したいとまで思っていました。女性に対してそういった感情を持ったのは初めてでした。

借金を早く返済しようと給与の高い仕事に転職し、今年1月から新しい会社で働き始めました。

全く楽しくない仕事ですがその女性がいれば何もいらないと感じ、以前のやりがいを感じていた仕事も辞め、人間関係もすべてを捨てて引越《ひっこ》しまでしたのです。

結果的に今回の件で、遠い地で1人きり、やりがいのない仕事をするだけの毎日でむなしくて仕方がないです。2年間を無駄《むだ》にしてしまい、もう結婚もできないと思います。

毎日辛《つら》くて食欲もなく眠れない毎日です。いまだに好きな気持ちさえ断ち切れないでいます。できることなら、きちんと話し合えれば少しは気持ちの整理もつくと思うのですが、もう連絡手段もありません。

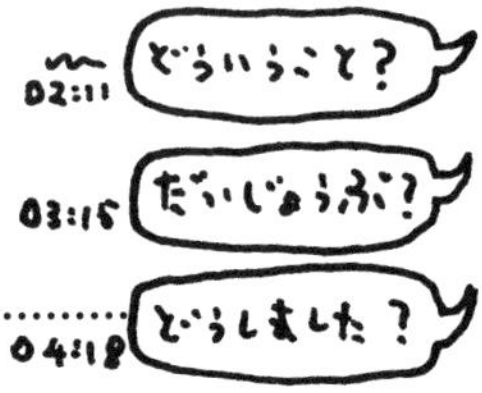
02:11
どういうこと？
03:15
だいじょうぶ？
04:18
どうしました？

毎日ふとした瞬間に、色々な感情が混じって胸が苦しくて仕方ないのです。
あまりにも愚かな話でかける言葉もないとは思いますが、同じような人も多いと聞き、他の方のためにも今回勇気を振り絞って送りました。
どうぞよろしくお願いいたします。

……………………

ほんだ33さん。大変な目にあいましたね。まさに「高い授業料を払った」状態ですね。

この言い方、ドラマでもよく聞きます。ほんだ33さんのようにひどい目にあった人を慰《なぐさ》める表現で、突き放しているように感じる人もいるかもしれませんが、僕は案外、的《まと》を射《い》た表現だと思っています。

ほんだ33さんは、うんと高い授業料を払っていろんなことを学んだんです。

「結婚したいと思うぐらい人を好きになる気持ち」や「僕がなんとかしてあげたいという愛《いと》おしい気持ち」「愛した人と身体を重ねる幸福」「愛した人を幸せにしたいという生きがい」などです。

だまされたんだから、そんなことは意味がないと思いますか？　でも、この2年強の間、ほんだ33さんは、これらの感情や気持ち、生きがいをリアルに感じていたんじゃないですか？　その体験と記憶は、今がどうであれ、確かに存在したものなんじゃないですか？

中学・高校時代、何か部活はやりましたか？　例《たと》えばバスケットボール部にいて、3年の最後の試合で負けたからといって、すべての努力が無駄で意味がなかったとは思わないでしょう？　たとえ結果は散々でも、1年から練習を続けた体験は愛おしく、貴重《きちょう》なものだったはずです。

ほんだ33さんは、さらに学んでいます。「世の中にこんなことをする女性がいるんだ」という衝撃的発見です。

そして「いったい、なにがまずかっただろう」「どうしたらよかっただろう」「どうして信じてしまったのだろう」という自分自身への問いかけです。これが、「高い授業料」を払って学んだ核心部分です。

ほんだ33さんは、「もちろんその約束に不安はあったので何度も確認しました」と書かれています。つまり、完全にのぼせ上がって、判断力を失っていたわけではないのです。でも、どんなに親しい仲でも借用書を書いて欲しいと言わないで、「そのたびにそんなことはないと言われ、信じてしまった」のですよね。

「好きであることも伝え、その女性も感謝しているし返済が終わったら付き合うと言ってもらえた」という表現も重要だと思います。「好きであることも伝え、相手も私を愛している」ではなく「感謝している」という表現を彼女は使ったわけです。そのことをほんだ33さんは冷静に分かっていたのですよね。

「何度過去のLINEを見返しても騙していると思えなかった」と書かれていますが、つまり人は口よりも文章では簡単に嘘《うそ》をつけるということも学んだんじゃないでしょうか。面と向かって嘘を言うのはなかなかエネルギーがいります。でも、LINEになら、なんでも書けるのです。

何のためにこんなことを書いているのか？　僕は、「彼女という授業」を終えて、ほんだ33さんが何を学んだかを振り返って（フィードバックして）いるのです。

それはね、ほんだ33さん。「2年間を無駄にしてしまい」と書かれていますが、僕は全然、そうは思ってないからです。まさに天国から地獄ですが、じつに学びの多かった2年だと思います。いえ、もちろん、ほんだ33さんがこの学びから目を背《そむ》ければ、無駄になるでしょう。

でも、「得たものと失ったもの」「気づけたことと気づけなかったこと」「目がくらんだこととじつは目に見えていたこと」をちゃんと分けることができたら、間違いなく次の人生へとつながると思います。

彼女と「きちんと話し合えれば少しは気持ちの整理もつくと思う」と書かれていますが、もしそんなチャンスがあってもあまり意味はないと僕は思います。彼女がどんな気持ちでほんだ33さんと接していたのかは、今となってはもうどうでもいいことです。

「もう結婚もできないと思います」とも書かれていますが、これが年齢のことなら、世の中の43歳以上で結婚している人達に失礼でしょう。傷心《しょうしん》のあまりなら、学びを整理していけば、結婚のチャンスはまたやってくると思います。

ですから、「ご相談したいのは、これからどういう気持ちで生きていけばいいのかということです」に対する回答は、今は２００万円という高い授業料で学んだことをゆっくりと振り返ることです。可能なら、「全く楽しくない仕事」をリセットすることも大切でしょう。

そして、時間をかけて学び成長し、ほんだ33さんの次の人生を始めることをお勧《すす》めします。大丈夫。時間はたっぷりあります。まだまだ、人生、先が長いんですから。

相談31

好きな男性がいますが、あと1ヶ月したら転勤。いっそ何も伝えず友達で居《い》続けるべきかとも思います

28歳・女性　檸檬《れもん》爆弾

鴻上さん初めまして。

私の悩みは、恋愛で矛盾《むじゅん》する自分の気持ちです。

今私は好きな人がいて、その人は、友達として良好な関係を築けていると（私は）思っている年下の同僚です。

よく友人含めて複数人で遊んでいるうちに、最初はなんとも思っていなかった彼の笑顔が可愛《かわい》いこと、趣味が似ていて話がとてもあうこと、人を馬鹿《ばか》にしない等の面を知り、気がついたら好きになっていました。

彼から連絡が来る事はないので、いつも私が一方的に誘っているだけですが、一緒《いっしょ》に散歩に行こうと誘ったら1、2時間2人で一緒に歩いてくれる優しい人です。

彼にとって私はただの友達だと分かりながらも、恋愛経験が少ないので、彼のふとした優しさを勘違《かんちが》いし、2人で歩いて帰った帰り道などの思い出が、私の中だけでとても美しい思い出になっています。

彼はあと1ヶ月したら転勤のため、電車で3時間かかる場所に行ってしまいます。でも、彼が遠くに行ってしまう前に、たとえ恋愛対象として見られていなくても告白してしまいたい気持ちがあります。

しかし私は幼少からいわゆる毒となる母親に育てられたため、頭の中に母親の「お前が幸せになれないように呪《のろ》う」「お前は汚い豚」などという言葉がずっと重《おも》しのようにのしかかり、呪いなんてないと分かりながらも、醜《みにく》い私に告白されたら友人として良好な関係を築けているはずの彼と、友達でもいられなくなってしまうと思うととても怖くて、いっそ何も伝えず友達で居続けるべきだとも思ってしまいます。

ただ、断られる可能性が高い告白をするのを避《さ》けるために、母親の事を言い訳にして自分で自分を守っているだけなのかとも思います。

きっと告白しないとずっと後悔《こうかい》すると分かっています。なので鴻上さんに背中を押してもらいたくて、母親の呪いなんて関係ないと言ってほしくてこの相談を投稿して

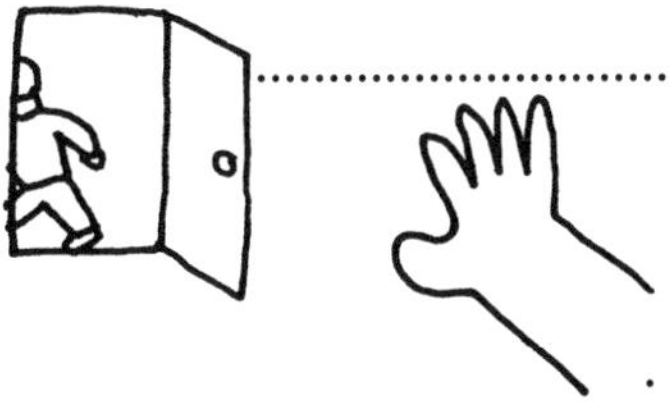

しまいました。
私の個人的な悩みをここまで読んで頂きありがとうございました。

…………

檸檬爆弾さん。「私の個人的な悩みをここまで読んで頂き」と書かれていますが、この連載は「個人的な悩み」に答えるためのものです。「国際連合の問題点」とか「シマウマが横縞《よこじま》でない理由」を答えるものではありません。

では、僕の考えを言いますね。

母親の呪いなんて関係ない。とっとと、告白しなさい。うまくいかなくても告白できてよし。うまくいけばなおよし。背中、どおーんっ！（押した音ね）以上。

おお、『ほがらか人生相談』史上、最短の答えですな。さあ、この文章を読んだら、そのままLINEするか、電話するか、メールしなさい。やらない後悔より、やった後悔の素《す》晴《ば》らしさよ。健闘を祈ります。

相談32

勤《つと》めていたダンス教室の先生に独立を伝えたら無視されるようになりました

35歳・女性　ダンサー

鴻上さんこんにちは。

様々なご相談の、為《ため》になる回答いつも楽しみに読ませていただいています。本も買いました。

今回は、かれこれ5年近く考えていてもどうも答えが出ず悶々《もんもん》としているので、お聞きしたく投稿します。

私はダンスの講師をしています。5年前にそれまで大卒後10年勤めていたダンス教室を辞《や》め、ダンスパートナーでもある夫と自分の教室を独立開業しました。辞める旨《むね》は3ヶ月前にオーナー先生夫妻に伝えました。私たちの業界では独立するなら10年が一区切りとなっています。辞める時は、自分達の教室を持ちたくなった、チャレンジしてみたいからが1番の理由で、その通り伝えました。もちろん、10年もいたので、オーナー先生と他スタッフとの人間関係のストレスや、給与での不満など日々の不満があったのも一因ですが、辞める時はグッと堪《こら》えてそれらは一切言わずに辞めようと決め、実行しました。辞めるそぶりはそれまで見せていなかったので伝えた時は驚いていましたが、なんとかその日にＯＫをもらえました。

それから3ヶ月は会話もない、なんとも言えない期間が続き、気まずいまま退社かなと思っていました。が、辞める最後の日にオーナー婦人からこのまま気まずいのは嫌《いや》だから、またいつでも顔を見せて欲しいからなどと言われ、それまでの3ヶ月が嘘《うそ》のようにとても明るく良い雰囲気《ふんいき》で送り出されました。

家に帰り、夫とも円満退社できて良かったねと言っていたのですが、オーナー婦人は翌日から一変。どこかで顔を合わせても挨拶《あいさつ》も返してくれない、完全無視。狭《せま》い業界なので時折《ときおり》顔を合わせるのですが、それが今でも続いています（オーナー婦人以外は普通に挨拶したり、話したりします）。

長々と書き連《つら》ねましたが、お聞きしたいのはここです。別に無視したいなら、してくれて構わないんです。ただ、退職日にはあんなに明るく送り出して、またね！など

と言っていたのにこの変貌《へんぼう》ぶりはなんなのか。気持ちの変化なのかなんなのか。それとも世の中には円満退社などあり得ないのか。スタッフの時は売上《うりあげ》の半分を納めていたので、それがオーナーからしたらなくなったのだから結局はお金の問題か?などあまりの変貌ぶりになんでだろ、と考えても分かりません。10年勤めたところに目を向けてもらえないんだな、などやや悲しくなる時もあります。

鴻上さんですと、このオーナー婦人の変貌ぶりの理由、気持ちが分かりますか。また、もし鴻上さんの劇団員などが独立したいと言った時は、鴻上さんは良い気持ちはしないですか。

教えていただけたら嬉《うれ》しいです。宜《よろ》しくお願いします。

ダンサーさん。まず僕への質問の回答ですね。もし、独立する劇団員がダンサーさんのようにそれなりの売り上げがあって、その劇団員以外に劇団に何の魅力もなかったら、金銭的にも観客動員的にもかなりのダメージになるでしょう。

その場合は、独立を聞かされた時には心穏《おだ》やかではいられないでしょう。

でも、実際は、劇団主宰者《しゅさいしゃ》としては、劇団員個人の魅力だけではなく、他の劇団員や劇団そのものの魅力を増やそうとしますから、僕は今まで、劇団員の独立で嫌な気持ちになったことはありません。

　僕なりにオーナー婦人の気持ちを想像すると以下のようになります。

　独立と聞いて、困った。ダンサーさんがやめるとそれなりの減収になってしまうだろう。金銭的にはもちろん迷惑だけど、可愛がってきたと思ってるのに、納得《なっとく》できない。どうして独立なんかするのかしら。許せない。

〈3カ月過ぎて〉さすがに、このままじゃあ、私、器《うつわ》小さすぎない？　独立を快《こころよ》く祝ってあげよう。（または）このまま独立したら、私の嫌な評判が立つじゃないの。悪人なんて思われるの、嫌よ。とりあえず、形だけでも祝ってあげよう。

〈独立後〉やっぱり、嫌だわ。こっちは大変なんだから。無理して寛容《かんよう》になろうとしたけれど（または、カッコつけたけれど）、嫌なものは嫌だわ。

　……という流れです。オーナー婦人が自分を恥《は》じて円満退社を認めたのか、世間体《せけんてい》を意識してそうしたのかは分かりません。はっきりしているのは、オーナー婦人もずいぶん葛藤《かっとう》したんじゃないかということです。

　ですから、ダンサーさん。あんまり悩まない方がいいと思います。オーナー婦人の気持ちが分かるのは、やがて、多くの生徒さんを担当していた教え子が独立する時かもしれませんよ。

それまでは、レッツ・ダンス！がいいんじゃないでしょうか。

相談33

35歳のプログラマーです。人付き合いが苦手で、将来が不安です

35歳・男性　あまた

35歳のプログラマーです。人付き合いが苦手で、人に会わない暮らしをしていますが、将来が不安です。

学生時代から友達は多くありませんでした。テレビや音楽に興味を持てないので、他人と話が合いませんでした。また、ルールを破って叱《しか》られるのが嫌《いや》だったので、周囲から浮いていました。

職場でも同僚と私語をあまりしませんでした。中年になると病気か育児の話、仕事の話ばかりでした。同僚と飲みに行くことも数えるほどしかありませんでした。仲が良いわけでもない同僚に囲まれて仕事をするのはストレスでした。

コロナをきっかけに会社を辞《や》め、実家でリモートワークをするようになりました。

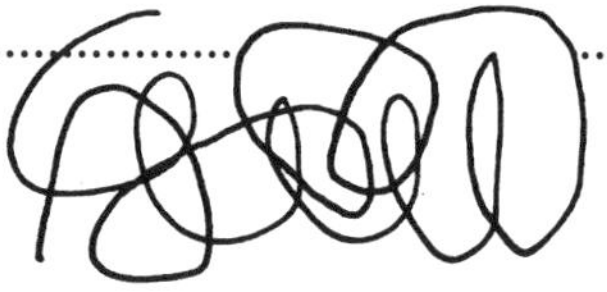

同僚に気を遣《つか》わなくていいので、大変気楽《きらく》です。小さな庭で園芸を始めたのが楽しいです。

一方でこのままの暮らしに将来が不安です。おそらくこの暮らしを続ければ、結婚はできないでしょう。また、対人能力は下がっていき、例《たと》えば転職せざるを得ないとき困ったことになると思います。

とはいえ、何か人に会う趣味を始めるなんてできる気がしません。

マッチングアプリも登録してみましたが、相手に興味を持てないし、上手《うま》くいかない確率が高い相手と敢《あ》えてフラれる前提で会おうとも思えません。

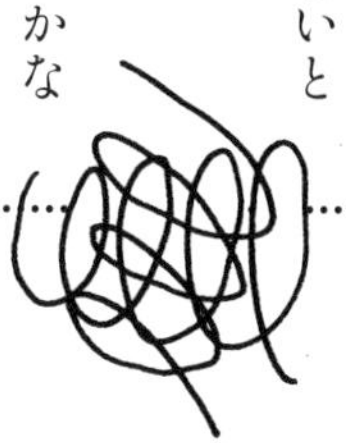

あまたさん。なんとも型破《かたやぶ》りな相談の文章ですね。つまりは、あまたさんは、何を僕に相談したいのでしょうか？

「このままの暮らしでいいのか？」「このままの暮らしを変える方法はないのか？」「結婚するためにはどうしたらいいのか？」「私の不安を聞いてほしい。それだけでいいの」……どれでしょうね。

じつは、僕があまたさんの相談を取り上げようと思ったのは、あまたさん自身、何を相談したらいいのか整理できてないと思ったからです。

自分の悩んでいることを的確に文章にして、一番聞きたいことを明確にできれば、問題の半分は解決していると僕は思っています。

「一番聞きたいこと」が分かるということは、自分が苦しんでいる問題に順番をつけられている、ということですからね。つまりは、自分の状況をちゃんと判断できている、ということです。

毎月、たくさんの相談が送られてきますが、ただ「自分の困っている現状」を延々と書き続けている文章は珍《めずら》しくないです。こんなことを言われた、こんなことがあった、こんなことを思った、こんなことも思った、またこんなことをされた、とずっと書き続けているのです。何が一番の問題で、何が一番困ったことで、何を僕に一番聞きたいかを書くのではなく、ただ、自分に起こったこと、感じたことを並べるのです。

その気持ちは分かります。本当に苦しい時に、「いったい、何が起こっているのか？」「何が問題なのか？」を見極《みきわ》めるのは、大変なことです。戦争映画でよくある描写は、敵が攻めてきた時、新兵はただ慌《あわ》て混乱し恐怖し叫《さけ》ぶなか、上官は、どの方向からどれぐらいの勢力がどんな武器を持って襲ってきているのかを、歯を食いしばって判断するというものです。それは、かなりのスキルが必要になると感じます。

さて、あまたさん。「この暮らしを続ければ、結婚はできないでしょう」と書かれていますが、結婚はしたいですか？

「人付き合いが苦手」と書かれていますが、結婚は「一番濃密《のうみつ》な人付き合い」ですよ。ものすごくやっかいで、ものすごく大変で、ものすごくしんどいですよ。喜びもあるでしょうが、同じぐらいの苦労が間違いなくあるだろうと僕は思います。

何も言わなくても全部分かってくれて、何のストレスもないような結婚相手なんて存在しないことだけは間違いないですね。

というようなことを、あまたさんは分かっているんだと僕は思います。

あまたさんは、「結婚したい・将来が不安・対人能力が下がっていくのはまずい」という社会や人間に対して関係を求める気持ちと、「人に会う趣味を始めるなんてできる気がしない・マッチングアプリも興味ない・フラれる前提で会う気はない」という関係を遮断《しゃだん》する気持ちが、はっきりと対立しているんじゃないでしょうか。

どちらかに傾《かたむ》いていたら、相談の目的もはっきりします。関係を求める方なら、「どうしたらいいですか？」という文章になるし、関係を遮断する方なら、「これでいいと思うんですが、ダメですか？」だったりします。

あまたさんは、現在、どちらにも傾かず、フィフティ・フィフティの状態だと僕は思いました。

ですから、今のあまたさんは、何も相談できないし、どんな人の言葉も聞く気持ちにはなれないと思います。

将来、お腹が空《す》くかもしれないから、今、腹いっぱい食べとけと言われても、今、お腹が空いてないんですから、食べることはできないということです。

ですから、僕の余計なアドバイスとしては、しばらくこの状態を続けていくのがいいと思います。で、もし「やっぱり人と交わりたいなあ。フラれても、誰か必要だなあ」と心底《しんそこ》思えば、動き出せばいいのです。マッチングアプリや人と会う趣味です。

聡明《そうめい》なあまたさんは、そのやり方を充分《じゅうぶん》に知っていますね。

また、「このままが幸せだなあ。小さな庭に咲く草花を見ている時が本当に充足するなあ。『他人に煩《わずら》わされる苦しみ』と『独《ひと》りである苦しみ』を天秤《てんびん》にかけたら、間違いなく『他人に煩わされる苦しみ』の方が大きいなあ。独りの方がずっと快適だなあ」と思うなら、今の生活を続けていけばいいと思います。

あまたさんに必要なのは、その時、その時の自分の
気持ちを正直に受け止めることだということです。

あまたさん、どうですか？

相談34

他の子のオモチャを取り、思い通りにいかないと癇癪《かんしゃく》をおこしていた友達の子供が苦手です

38歳・女性　八方美人

私の息子と同《おな》い年の子供がいます。

偶然にも同じ地域で赤ちゃんの頃から子育てしています。

赤ちゃんの頃から一緒《いっしょ》によく遊ばせていました。

友達の子供は乳幼児の頃から、他の子のオモチャを取り、思い通りにいかないと癇癪が激しかったです。

友達はあまり注意しません。気になってはいたものの、成長すれば収まるだろうと思っていました。

幼稚園は別でホッとしていました。

遊ぼうと連絡をくれるので、春休みや夏休み、冬休みなど遊ばせていました。

遊ぶたびに息子のオモチャは次から次へと奪われ、食べ物も奪われたり、こぼされたり捨てられたり。癇癪も激しい。

そして息子と仲良くしたいのかずっと付いてきて行動や言動を真似《まね》します。

友達の注意は優しく、叱《しか》ることはありません。私や息子へは謝《あやま》ってくれます。

私は内心腹立《はらだ》たしく思っているものの、友達に謝られると大丈夫と言ってしまいます。

また、友達は子供がオモチャを取ったり叩《たた》いたりしている場面を見ていないことが多いのも気になります。

他の知らない人が子供に注意をしていたり先にフォローしている場面も見ます。

友達の子供が私にちょっかいや嫌《いや》な言葉を言ってくる時もノーリアクションです。

次第にストレスになり、会う時は大人だけで会おうと決めました。

しかし先日、半年ぶりに子連れでバッタリと会いました。

その子は癇癪は起こさなかったものの、真似をしてくることとどこまでも付いてくること、順番を抜かし我慢《がまん》が出来ないこと、オモチャを嫌味《いやみ》たらしく自慢することは変わっておらずとてもイライラしてしまいました。

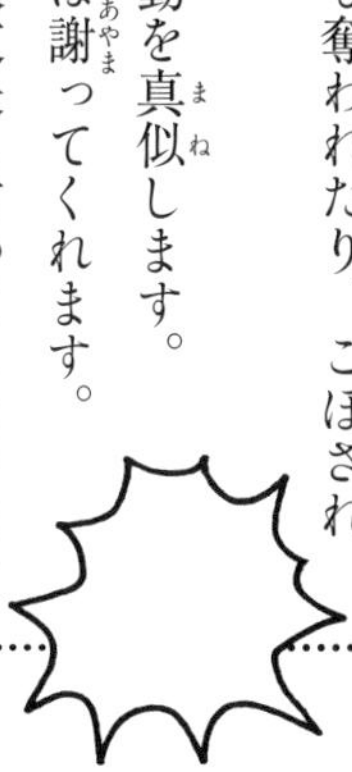

そして友達から、小学校は同じ学区へ引っ越すと聞きとてもショックを受けました。小学校は別だと安心していたのです。

小学校になれば家へ遊びに来ることが予想できます。とても嫌です。息子にとっても歓迎したい友達とは言えません。

友達は昔から知っているとても優しい子です。悩みなども嫌がらずに優しく聞いてくれます。

そんな優しい子の子供がなぜ……といつも悲しく思ってしまいます。注意が出来ないので息子を守れず親として申し訳ない気持ちです。小学生ともなれば成長するかもしれませんが、赤ちゃんの頃から知っているので、元々の性格は変わらないだろうと思います。

兄に相談したところ、友達に気持ちを伝えろと言われましたが言えません。関係性が崩れ、友達も傷つけ、自身も傷つくことが怖《こわ》いです。友達も以前、子育てについて人から口出しされたくないと言っていました。私も同感です。

他の友達には、他にママ友を作りその子とは距離を置いた方がいいと言われました。その子が息子に執着《しゅうちゃく》することで息子が我慢を強《し》いられ、また家に遊びに来ることを考えるとストレスで眠れません。

友達の大事な子供をこんなにも拒絶してしまうなんて友達にも申し訳ない気持ちです。賃貸のため最悪引っ越すことは可能だと思いますが、逃げたところでまた色々な親子と出会うのだろうとも思います。

当の息子はあまり気にしていない様子で、その子が来ると逃げ回り、追いかけっこをして、楽しかったと言っています。

ただ、その子がこれで遊ぼう、といっても息子が応じることはありません。他に幼稚園の子達と遊びますが、友達の子のような子はいないように感じます。

その子が苦手です。友達も含め、どう付き合っていけばいいでしょうか。

八方美人さん。大変ですね。大変ですが、ペンネームを八方美人としたということは、自分の相談が「八方美人」の状態と関係があると感じたからでしょうか?
八方美人さんが求める最上の状態は「友人が自分から『私の子供抜きでいつも会いましょう。あなたは大切な友人。だから、子供は絶対に連れて行かない』と言ってく

れること」じゃないかと思います。

八方美人さんは一言《ひとこと》も言わないのに、友人が一方的にそう提案するのです。そうすると、八方美人さんは、「あなたの子供が苦手」と言って相手を傷つけ、自分も傷つく必要がなく、友人との関係もずっと続くし、でも友人の子供との関係は終われるし、八方丸く収まるということになります。

どうですか？　こんなことが起こると思いますか？

残念ながら、僕にはどうもこんな奇跡が自然に起こるとは思えないのです。

逆に考えてみたらどうでしょう。

八方美人さんの子供が、友人の子供の「真似をいつもしたり」「どこまでも付いていく」状態だったとしたら、喜びこそすれ、「もう絶対に友人の子供と会わせることはやめよう」とは思わないと思います。

「優しい子の子供がなぜ……といつも悲しく思ってしまいます」と八方美人さんは書きます。

僕は専門家ではないので、軽々しくは言えませんが、八方美人さんの描写からは、友人のお子さんはＡＤＨＤ（注意欠如《けつじょ》・多動症）やＡＳＤ（自閉スペクトラム症）など、何らかの症状の特徴を感じます。

友人のお子さんは、「ただのわがまま」とか、「嫌味たらしく自慢する」性格ではないと感じるのです。

もちろん、僕が間違っているかもしれません。友人の子供は、ただ、八方美人さんの子供が大好きなだけかもしれません。

八方美人さん。

「注意が出来ないので息子を守れず親として申し訳ない気持ちです」と書きますが、「当の息子はあまり気にしていない様子で、その子が来ると逃げ回り、追いかけっこをして、楽しかったと言って」るんですよね。

でも、続けて「その子がこれで遊ぼう、といっても息子が応じることはありません」と書くということは、お子さんは気をつかって嘘《うそ》を言っているると思っているということでしょうか。本当は嫌なのに、ぐっと我慢して、楽しかったと言っていると考えていますか？

だから「その子が息子に執着することで息子が我慢を強いられ」と書くのですか。

「家に遊びに来ることを考えるとストレスで眠れません」と書くのは、「私はどんなことをされても絶対に何も言わない。何か言うと友人を傷つけ、お互いの関係を終わらせてしまうから。だから、私が我慢するしかない」と決めているということでしょうか。

八方美人さん。八方美人さんを責《せ》めているのではないですよ。

「友達も含め、どう付き合っていけばいいでしょうか」と書かれていますが、「関係性を壊さず」「友人も傷つけず」「自身も傷つかない」スーパーな解決法を僕は考えられません。すみません。

他の友人からの「他にママ友を作りその子とは距離を置いた方がいい」というのは、かなり具体的なアドバイスですが、そうすると、八方美人さんは、「友達に申し訳ない気持ち」に苦しめられるのですよね。

引っ越すことに対して、「逃げたところでまた色々な親子と出会うのだろう」と書きますが、大切な友人の子供だから、八方美人さんは苦しむんじゃないですか？　それとも、引っ越し先で出会ったどの子供に対しても、注意することで親との関係が壊れ、相手を傷つけ、自分が傷つくと感じてしまうのでしょうか。

つまりは、相手に対して、何かを言うことがそもそもできない、または嫌だということでしょうか。

八方美人さん。

八方美人さんが夢見る、誰も傷つけない、すべての人が満足する、自分自身も友人も幸福になるような解決策は、存在しないんじゃないかとしか僕には言えません。

友人と距離を取るか（きっぱりと関係を絶つか、なんとなくの関係になるか）、友人と子供のつきあい方のルールを決めるか（友人の子供でもはっきりと注意するとか、お互いの家には週に一回しか行かないとか）、友人とはどんなに言われても子供抜きでしか会わないことにするか——これらの方法は、八方美人さんがそれなりに傷ついたり、傷つけたりするかもしれない生き方です。

もちろん、傷つけたり傷つくことが目的ではありません。八方美人さんが、今の状態より少しでも快適だったり、幸福だったり、納得《なっとく》できる状況になるための方法です。

僕はこの人生相談で何度も「人生は0か100かではない。62点とか78点とかで生きていくものだ」と書いています。

誰も傷つけたくないと決めて、その通りにできるのは100点の人生です。私さえ我慢すればいい。私の人生なんて我慢するだけなのと決めるのは0点です。

どちらもリアルに存在する人生ではないと思います。フィクションの世界の生き方です。残念ながらこれは、子供の考え方です。人生は、そんなに分かりやすく0と100に分けられるものではない、と僕は思っています。

八方美人さん。友人をまったく傷つけず、あなた自身もまったく傷つかない生き方を100として、90点とか85点の生き方はないかと探《さぐ》ってみませんか。

そのために必要なのは勇気と知恵です。

大きな勇気は必要ありません。最初はしんどいかもしれませんが、何度も繰《く》り返せば、やがて、小さな勇気で会話ができるようになるでしょう。

知恵は主に「どんな言葉をどんな時に使うか」で現されます。

そうやって、粘《ねば》り強く、しぶとく、賢《かしこ》く、よりましな生き方を探ってみませんか。

この努力は、きっと、八方美人さんをそれなりに幸福にすると思います。

僕ができるアドバイスはこんなことです。

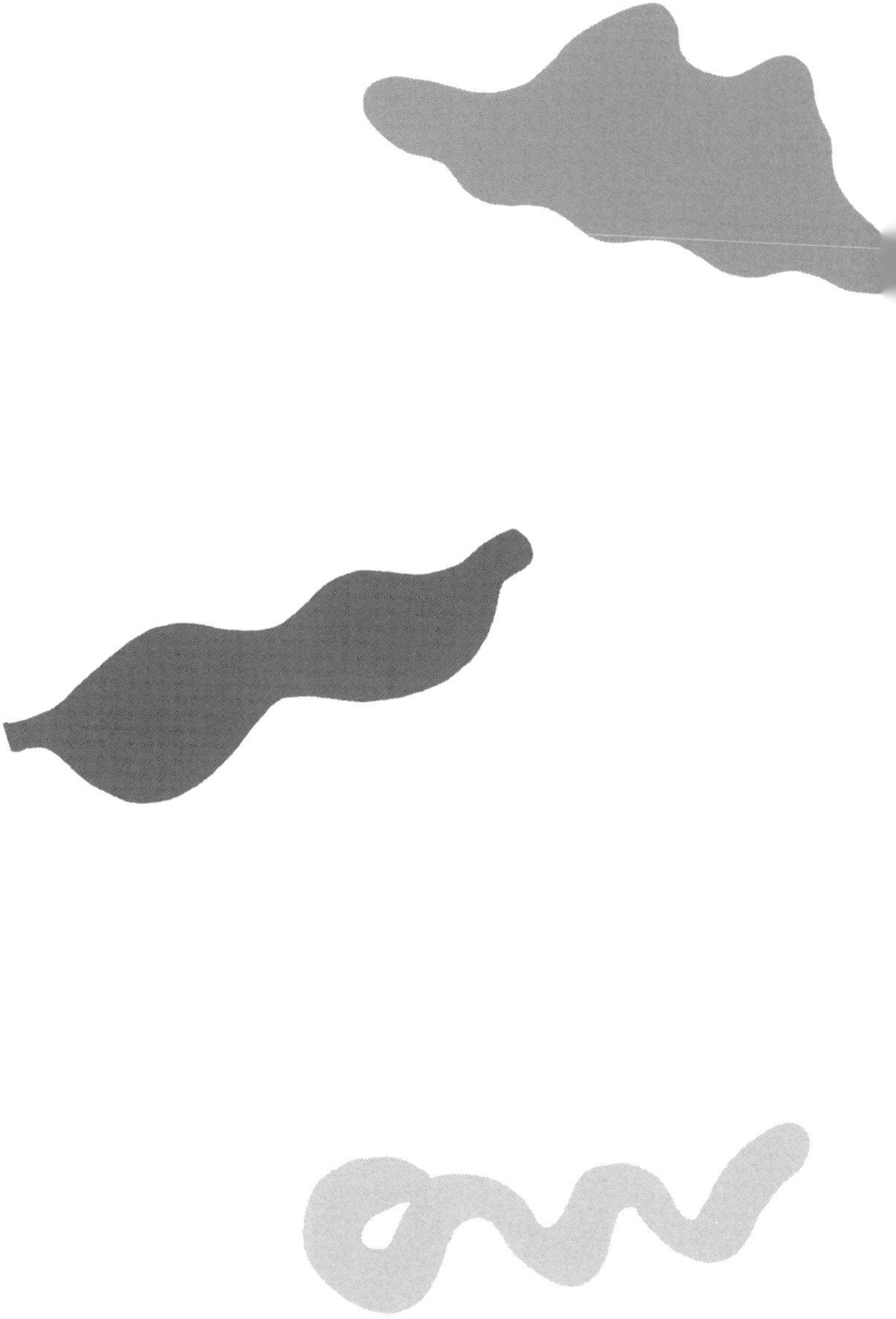

あとがきにかえて

農家の人がメイン読者の雑誌からインタビューを受けました。60代、70代、80代の人達からの相談に答えるというものでした。

そのほとんどが、「息子はもう40代なのに、まったく結婚する気配《けはい》がない。どうしたらいいんでしょう？」とか「一人娘なので、婿養子《むこようし》を取って、家《か》業《ぎょう》を継いでもらいたいのだが、娘は結婚にまったく関心がないようだ。どうしたらいいでしょうか？」というものでした。

「結婚すること」が当り前の時代に生きた人からすると、息子や娘が独身のまま30代、40代になるのは心配でたまらないんだなあ、農家の跡継ぎ問題は大変なんだなあと思いました。

思いましたが、「こうやれば、間違いなくお子さんは結婚します」なんていうアドバイスがあるわけがないのです。

ずっと中国だと思っていましたが、どうやらイギリスの諺《ことわざ》らしい、有名なやつがあるじゃないですか。

「馬を水辺に連れて行けても、水を飲ますことはできない」です。英語では「You can take a horse to water, but you can't make him drink.」ですね。

水辺という環境を周りは用意することはできても、飲むかどうかは本人次第でしかないという、じつに当り前のことを明確に教えてくれる諺です。

僕が『ほがらか人生相談』を始めて、意外なことに割と評判がよくて、なんでだろうと自分で考えたら「あ、そうか。僕は演出家だから、常に俳優やスタッフに対して、実行可能なアドバイスを40年近く続けてきたことが理由なんだ」と気付いたことは、『ほがらか人生相談』一冊目の「あとがきにかえて」に書きました。

今回、もうひとつの発見がありました。それは、「映像の監督じゃなくて、演劇の演出家だから」ということです。

どういうことか――。

演劇は、最終的に俳優が舞台で演じて完結します。その時、演出家は何もできません。わずかにできることは、俳優のすべったギャグを、客席で思いっきり大きな声で笑って劇場の空気をほぐすことと、俳優やスタッフが「失敗しないように」と祈り続けることだけです。

2023年の夏、僕はミュージカル『スクールオブロック』という作品の翻訳と演出を担当しました。同名の映画から始まりブロードウェイのミュージカルヒット作になったものです。

小学生が24人（ダブルキャストで2チームなので）出演しました。楽器を実際に演奏するので、ギターやベース、ドラム等、むちゃくちゃ上手《うま》い子供達ですが、演技をまったくしたことがなく、なおかつ「演技？そんなことしないといけないの？」とロッカー魂（？）で反発している奴《やつ》らが何人もいました。

約3カ月の稽古《けいこ》を続け、「演技とはどういうことか?」「役作りとはどうすればいいのか?」「気持ちを動かすために必要なことは何か?」なんてことを小学生にえんえんと伝え続けました。

幕《まく》が開き、作品としては好評だったのですが、ある本番の回で、セリフの代わりに自分の役名を叫《さけ》んだ子供がいました。

西川貴教《にしかわたかのり》さん演じる先生に、「お前が腹立つことはなんだ?」と聞かれ、本来は、「親が勉強しろと言い続けること」と答えなければいけないのに、突然、「チャールズ!」と自分の役名を叫んだのです。

西川さんは絶句《ぜっく》しました。会話になってないですからね。客席で見ていた僕は、腰が抜けて、客席からずり落ちそうになりました。

歌の間奏《かんそう》での会話でしたから、リズムが決まっていて、言いなおすことも問い直すこともできず、歌のタイミングになりました。でも、会話になってないですから、歌も意味不明になって、西川さんも僕もアワアワしました。

演出家になって40年ぐらいですが、セリフの代わりに、自分の役名を叫ぶのを目撃したのは初めてでした(笑)。

でも、演出家はなにもできないのです。ただ客席でずり落ちそうな椅子《いす》の手すりをむんずとつかんで、踏《ふ》ん張《ば》るだけです。

稽古という水辺の環境をどんなに周到《しゅうとう》に用意しても、水を飲むかどうか、つまりはどんな言葉を話すかどうかは、俳優の判断なのです。

演出家は、本番は無力なのです。そして、無力であることを受けいれるのが演出家なのです。

映像の監督は違います。何本か映画を撮っているので分かりますが、俳優の演技はかなりのレベルまでコントロールできます。

そもそも、気に入らない演技は、何回も撮り直しできます。編集でカットもできます。

どうしてもダメな演技の場合は、それを見ている人のリアクションを積み重ねたり、セリフだけアフレコをしたり(専門的になりますから分からないかもしれませんが)、とにかく、さまざまな方法で「監督が納得《なっとく》してない演技を納得できるものに変える方法」があります。究極は「もう表情が全然ダメだから、CGで変えちゃえ！」なんてことですね。

昔、有名な映画監督が初めて舞台の演出をした時、稽古場で「そういう演技はしないように」と言い続けていたのに、本番でやってしまった俳優に対して、いきなり舞台に出て行って殴《なぐ》ったというエピソードがあります（監督の実名は、いろいろと差《さ》し障《さわ》りがあるので書けません）。

映画の監督の時は、「自分が納得してない演技は私の映画にはない」と思っていたのに、演劇になったら、いきなり「まったく納得してない演技をしている俳優」を本番中に目撃して、我慢《がまん》ができなくなったのでしょう。

で、話は馬の諺に戻ってくるのです。

僕はいろいろとアドバイスをしますが、それを実行するかどうかは、本人の問題だと思っています。ネガティブに言えば、諦《あきら》めています。ポジティブに言えば、腹を括《くく》っています。

そういう視点で人生相談の回答をしています。

映画の監督も演劇の演出家も、俳優やスタッフにアドバイスをするという意味では同じです。

でも、演劇の演出家であることが、回答者に向いている理由なのかと、今回、初めて気付いたのです。

さて、『ほがらか人生相談』もシリーズ5冊目になりました。

つまりはもう5年以上、いろんな人の悩みに答えていることになります。

今回の相談のひとつでも、あなたの人生の何らかのヒントになれば、僕は幸せです。

もちろん、アドバイスを実行するかどうかは、あなた次第です。んじゃ。

鴻上尚史

HOGARAKA

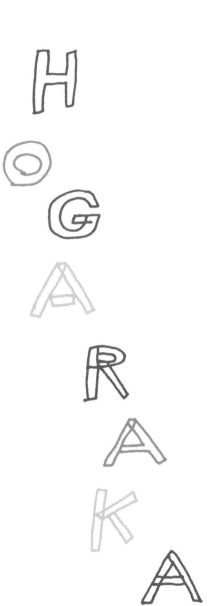

＊本書は月刊誌「一冊の本」
およびニュースサイト「AERA dot.」に
2021年7月～22年4月まで掲載された
同名タイトルの連載を一部修正し、
新規原稿を加えたものです。

イラストレーション
佐々木一澄

ブックデザイン
鈴木成一デザイン室

校閲
若杉穂高

編集
内山美加子

鴻上尚史

（こうかみ・しょうじ）

作家・演出家。1958年、愛媛県生まれ。早稲田大学卒。在学中に劇団「第三舞台」を旗揚げ。95年「スナフキンの手紙」で岸田國士戯曲賞受賞、2010年「グローブ・ジャングル」で読売文学賞戯曲・シナリオ賞受賞。ベストセラーに『「空気」と「世間」』、『不死身の特攻兵〜軍神はなぜ上官に反抗したか』（共に講談社現代新書）、また、『何とかならない時代の幸福論』（ブレイディみかこさんとの共著／朝日新聞出版）、自伝小説『愛媛県新居浜市上原一丁目三番地』（講談社）などがある。X（@KOKAMIShoji）も随時更新中。月刊誌「一冊の本」（朝日新聞出版）、ニュースサイト「AERA dot.」で『鴻上尚史のほがらか人生相談〜息苦しい「世間」を楽に生きる処方箋』を連載中。

鴻上尚史《こうかみしょうじ》のおっとどっこいほがらか人生相談《じんせいそうだん》

息苦《いきぐる》しい「世間《せけん》」を楽《らく》に生《い》きる処方箋《しょほうせん》

2023年11月30日　第1刷発行

著者
鴻上尚史

発行者
宇都宮健太朗

発行所
朝日新聞出版
〒104-8011 東京都中央区築地5-3-2
電話 03-5541-8832（編集） 03-5540-7793（販売）

印刷製本
中央精版印刷株式会社

ISBN978-4-02-251940-5
定価はカバーに表示してあります。

落丁・乱丁の場合は弊社業務部（電話03-5540-7800）へご連絡ください。
送料弊社負担にてお取り替えいたします。